MARCO POLO

Dresden

Sächsische Schweiz

Reisen mit Insider Tipps

Diesen Reiseführer schrieb Angela Stuhrberg. Sie ist freie Journalistin und lebt in Dresden.

www.marcopolo.de

Infos zu den beliebtesten Reisezielen im Internet, siehe auch Seite 108

SYMBOLE

Insider Tipp **MARCO POLO INSIDER-TIPPS:**
Von unserer Autorin für Sie entdeckt

★ **MARCO POLO HIGHLIGHTS:**
Alles, was Sie in Dresden kennen sollten

HIER HABEN SIE EINE SCHÖNE AUSSICHT

WO SIE JUNGE LEUTE TREFFEN

PREISKATEGORIEN

Hotels	
€€€	**über 120 Euro**
€€	**90–120 Euro**
€	**bis 90 Euro**

Die Preise gelten pro Nacht für zwei Personen im Doppelzimmer mit Frühstück

Restaurants	
€€€	**über 16 Euro**
€€	**10–16 Euro**
€	**bis 10 Euro**

Die Preise gelten für ein durchschnittliches Hauptgericht ohne Getränke

KARTEN

[114 A1] Seitenzahlen und Koordinaten für den Cityatlas Dresden

[0] außerhalb des Kartenausschnitts

Übersichtskarte Dresden mit Umland auf Seite 126/127

Übersichtskarte der Bahn-, Bus- und Straßenbahnlinien im hinteren Umschlag

Zu Ihrer Orientierung sind auch die Objekte mit Koordinaten versehen, die nicht im Cityatlas eingetragen sind.

GUT ZU WISSEN

INHALT

Die wichtigsten MARCO POLO Highlights

Sehenswürdigkeiten, Orte und Erlebnisse, die Sie nicht verpassen sollten

1 **Striezelmarkt**
Dresdner Stollen und sächsisches Kunsthandwerk auf traditionsreichem Weihnachtsmarkt (Seite 17)

2 **Fürstenzug**
Die sächsische Geschichte auf 102 m Porzellan (Seite 22)

3 **Residenzschloss**
Neuerwachtes Zentrum sächsischer Geschichte (Seite 23)

4 **Schloss und Park Pillnitz**
Kleinod am Stadtrand: exotische Palais mit idyllischem Park (Seite 24)

5 **Semperoper**
Weltberühmtes Opernhaus mit erstklassigem Ensemble (Seite 25)

6 **Zwinger**
Barocke Festarchitektur in höchster Vollkommenheit (Seite 26)

7 **Frauenkirche**
Altes neues Wahrzeichen: Die »steinerne Glocke« ist auferstanden aus Ruinen (Seite 29)

Innenhof des Zwingers

Semperoper

8 **Großer Garten**
Grüne Lunge und Spielwiese der Dresdner (Seite 32)

9 **Brühlsche Terrasse**
Besonders romantisch bei Sonnenuntergang: der »Balkon Europas« (Seite 37)

10 **Gemäldegalerie Alte Meister**
Nicht nur der Sixtinischen Madonna wegen der Höhepunkt für Kunstbegeisterte (Seite 43)

11 **Grünes Gewölbe**
Im Residenzschloss neu präsentiert: Augusts Pretiosen (Seite 44)

12 **Porzellansammlung**
Porzellan statt Krieg: August der Starke tauschte Dragoner gegen Vasen (Seite 46)

13 **Festung Königstein**
Sächsische Militärgeschichte und ein herrlicher Panoramablick über die Sächsische Schweiz (Seite 87)

Kuppel der Frauenkirche

14 **Meißen**
Dom, Albrechtsburg und die berühmte Porzellan-Manufaktur (Seite 101)

15 **Moritzburg**
Barockes Jagd- und Lustschloss in künstlicher Teichlandschaft (Seite 102)

★ *Die Highlights sind in der Karte auf dem hinteren Umschlag eingetragen*

Entdecken Sie Dresden!

Eine Stadt zum Verlieben – geschichtsbewusst, kunstsinnig, lebendig, stolz

Es liegt ein Zauber über dieser Stadt. Wenn die Morgensonne das Wasser der Elbe glitzern und die berühmte Altstadtsilhouette aufleuchten lässt, geraten sogar die Dresdner selbst immer wieder ins Schwärmen. Und heute mehr denn je, da die mächtige Kuppel der Frauenkirche das Stadtbild wieder komplettiert. Zu deren Füßen herrscht babylonisches Sprachengewirr: Englisch, Japanisch, Bayerisch – die historische Altstadt ist fest in Touristenhand. Mehr als 8 Mio. Besucher zählt Dresden pro Jahr, Tendenz steigend. Die meisten sind auf der Suche nach einem Mythos, nach der barocken Stadt Canalettos, nach dem »deutschen Florenz«, wie Johann Gottfried Herder die sächsische Residenz einst genannt hatte.

Dresden beeindruckt mit Baudenkmälern, mit Kunst und Kultur. Doch es ist die Elbe, die das Lebensgefühl bestimmt. In weiten Bögen windet sie sich durch die Stadt, vorbei an Schlössern, Weinbergen und Biergärten, gesäumt von breiten Wiesen, wie man sie in keiner anderen europäischen Großstadt mehr findet. 2004 nahm die Unesco das gesamte Dresdner Elbtal zwischen Söbrigen und Übigau deshalb auch in die Welterbeliste auf. Die Dresdner lieben ihre Elbe, in guten wie in schlechten Zeiten. An ihren Ufern trifft man sich zu Picknick und Lagerfeuer, zu Elbhangfest und Openairkino. Eine Dampferfahrt oder eine Tour auf dem Elberadweg sind ganz besondere Erlebnisse. Dank steigender Wasserqualität wagen sich außerdem nicht nur an offiziellen Elbebadetagen immer mehr Mutige in die Fluten – und haben dabei sogar wieder Gesellschaft von Elbebiber, Fischotter und Elblachs. Das Rekordhochwasser im August 2002 tragen die Dresdner der Elbe nicht nach. Nach der Beseitigung der Schäden überwogen Respekt vor der Macht der Natur und Stolz: auf die Elbwiesen,

Die 2005 geweihte Frauenkirche erstrahlt wieder in alter Pracht

Dresden, eine Stadt mit Freizeitwert

die die Stadt als natürlicher Überflutungsraum vor noch Schlimmerem bewahrt haben – und auf den in der Krise wieder erwachten Gemeinschaftssinn.

Die größte Katastrophe seiner Geschichte erlebte Dresden, als britische und amerikanische Bomber in der Nacht des 13. Februar 1945 und am Mittag des darauffolgenden Tages, eines Aschermittwochs, ihre todbringende Last über der Stadt ausklinkten. In einem gewaltigen Feuersturm wurde nahezu die gesamte Innenstadt zerstört, 35 000 Menschen starben. Keiner hätte damals geglaubt, dass aus dem Trümmerfeld jemals wieder ein Ort erstehen könnte, der den Beinamen »Elbflorenz« verdiente. Doch die Dresdner gaben ihre Stadt nicht auf. Schon am 10. Juli 1945 öffnete das »Interimstheater Dresdner Bühnen« in der Glacisstraße seine Pforten, mit Erich Ponto als »Nathan der Weise«. Der im August 1945 begonnene Wiederaufbau des für die Identität der Stadt so wichtigen Zwingers dauerte 20 Jahre. Die ebenfalls zerstörte Semperoper wurde nach achtjähriger Bauzeit am 13. Februar 1985 wieder eröffnet. Die erstaunlichste Wiedergeburt aber erlebte die Frauenkirche. Ihre Ruine war in den 1980er-Jahren als Mahnmal gegen den Krieg zum Symbol der Friedensbewegung geworden, weshalb längst nicht alle Dresdner den Wiederaufbau begrüßten. Während der elfjährigen Bauzeit entwickelte sich die Frauenkirche jedoch nicht nur zum Sinnbild ostdeutschen Aufbauwillens und Dresdner Bürgerstolzes, sondern durch das Zusammenwirken von Menschen aus der ganzen Welt zu einem eindrucksvollen Zeichen der Versöhnung. Im Oktober 2005 erfolgte die feierliche Weihe des wiedererstandenen Gotteshauses.

Mit der politischen Wende erlebte die Stadt einen weiteren Neuanfang. Am 8. Oktober 1989 hatten Dresdner Bürger in friedlichem Protest den DDR-weit ersten Dialog mit der Staatsmacht ertrotzt, der schließlich das Ende eines ganzen Systems einläutete.

»Mythos Elbflorenz«

1748 schuf der venezianische Maler Bernardo Bellotto, genannt Canaletto, mit seinem Panorama »Dresden vom rechten Elbufer unterhalb der Augustusbrücke« eine der berühmtesten Dresden-Ansichten überhaupt. In natura gibt es den »Canalettoblick« vom Garten des Hotels Bellevue, in Öl auf Leinwand in der Gemäldegalerie Alte Meister. Deren Bilder, wie auch die meisten anderen Schätze der Dresdner Museen, überstanden die Kriegswirren und kehrten nach Auslagerung sowie Beschlagnahme durch die Rote Armee ab Mitte der 1950er-Jahre an die Elbe zurück. Dass die zwölf Museen der Staatlichen Kunstsammlungen Dresden heute zu den bedeutendsten der Welt zählen, ist zuallererst dem Kunstsinn und der Repräsentationssucht der einstigen sächsischen Herrscher zu verdanken. Den nachhaltigsten Eindruck hinterließ Friedrich August I., Kurfürst von Sachsen und als August II. zudem König von Polen, besser bekannt als »August der Starke«. Man sagt ihm nach, dass er mit bloßen Händen Hufeisen verbiegen konnte und auch sonst gut bei Kräften war. Neben seinem einzigen legitimen

Einer der schönsten Plätze Europas: der Theaterplatz

Sohn und Nachfolger, ein Schöngeist und Kunstsammler wie sein Vater, soll er zahlreiche weitere Kinder gezeugt haben – die Zahlen schwanken zwischen 9 und 365. Der Kurfürst galt als ausschweifend und machtbesessen, vor allem aber machte er – ein Mann von Bildung und Kultur – aus Dresden eine Residenz von europäischem Format, begründete ihren Ruf als Kunst- und Kulturstadt. Nur allzu verständlich ist deshalb der Wunsch, der Glanz des »sächsischen Sonnenkönigs« möge auch die Gegenwart erhellen. So tragen heute Ausflugsschiffe, Wohnparks und gar eine Fliegerschule den Namen Augusts des Starken.

Das Erbe Augusts des Starken

Die musikalische Tradition hat dagegen ihre Ursprünge lange vor Augusts Zeit. Der Kreuzchor existiert seit dem 13. Jh., die Staatskapelle seit 1548. In der Dresdner Operngeschichte finden sich Namen wie Carl Maria von Weber, Richard Wagner und Richard Strauss.

Die allermeisten Touristen erleben ein Dresden zwischen »Sixtinischer Madonna« und »Rosenkavalier«, verlassen das weniger als einen Quadratkilometer große Kulturquartier zwischen Zwinger, Semperoper und Frauenkirche nicht. Wer sich über den Gürtel aus Nachkriegsbauten und Brachflächen, der die historische Altstadt umgibt, hinauswagt, ist nicht selten erstaunt über das »andere« Dresden, seine Vielfalt und Lebendigkeit. In der rechtselbischen Inneren Neustadt etwa trifft man auf barocke Bürgerhäuser und charmante Einkaufspassagen. Ein Stück weiter beginnt jenseits der Bautzner Straße die Äußere Neustadt. In dem von

In Dresden hat Altes und Neues gleichermaßen seinen Platz

Kriegszerstörungen verschonten Gründerzeitviertel hatte sich schon zu DDR-Zeiten eine aufmüpfige Alternativkultur entwickelt, wird seit 1990 jeden Sommer für drei Tage die »Bunte Republik Neustadt« ausgerufen. »Die Neustadt« ist Dresdens lebendigster Stadtteil, als Wohnadresse beliebt bei Studenten, Künstlern und Lebenskünstlern. Ständig öffnen neue Kneipen, Cafés und Bars. Ein Drittel der rund 50 Galerien der Stadt ist hier ebenso zu Hause wie Dresdens traditionsreiches Cineastenkino *Schauburg*. Hostels beherbergen junge Gäste aus aller Welt, und in den Clubs spielen Bands und DJs bis in den frühen Morgen.

» Bunte Republik Neustadt «

Dresden ist aber auch ein ideales Reiseziel für Romantiker. Der Große Garten lädt zum Spazieren oder zu einer Bootstour auf dem Carolasee ein. In der Blasewitzer Goetheallee und auf dem Weißen Hirsch kann man mondäne Villen bestaunen, vom Luisenhof bei Kaffee und Kuchen die Aussicht genießen. Der Weg zum Schloss Pillnitz – einem der romantischsten Plätze Dresdens überhaupt – führt vorbei an alten Dorfkernen und üppigen Gärten. Entlang der Elbe offerieren zahlreiche Restaurants und Biergärten regionale Spezialitäten: Sauerbraten, Quarkkeulchen und natürlich Radeberger Pilsner und sächsischen Wein. Den Ausblick auf den Fluss und die vorbeiziehenden Dampfer gibt's gratis dazu.

Und dann ist da noch das Umland. Mit der Sächsischen Schweiz liegt eine aufregende Landschaft direkt vor der Haustür. Im Umkreis von weniger als einer Autostunde findet man einzigartige Schlösser und Burgen, und die Sächsische Weinstraße führt durch das Elbtal von Dresden über Radebeul und Meißen bis nach Diesbar-Seußlitz.

Bei aller sächsischen Gemütlichkeit ist Dresden jedoch auch eine Stadt, in der Zukunftsvisionen und Erfindungsreichum Tradition haben: Das europäische Porzellan, der Kaffeefilter, der Büstenhalter und die Zahnpastatube, die Reiseschreibmaschine und der Teebeutel, die erste deutsche Dampflokomotive und die Spiegelreflexkamera sind »made in Dresden«. Heute ist die »Stadt der Wissenschaft 2006« einer der bedeutendsten Mikroelektronik- und Biotech-Standorte Deutschlands. Für Nachschub an qualifiziertem Personal sorgt u. a. die traditionsreiche Technische Universität. Die Arbeitslosenquote liegt in Dresden weit unter der vergleichbarer ostdeutscher Großstädte. Anders als die meisten Kommunen im Osten der Republik leidet man auch nicht unter überproportionaler Abwanderung. Die Einwohnerzahl steht bei knapp einer halben Million und wird eher leicht steigen.

» Tradition und Moderne «

Auch nach den Feiern zum 800-jährigen Jubiläum 2006 bleibt die sächsische Landeshauptstadt eine Stadt der Baustellen. Dass es moderne Architektur hier nicht immer leicht hat, liegt an der Liebe der Einheimischen zu den Resten des alten Dresdens wie an den schlechten Erfahrungen der letzten 60 Jahre: Dem sozialistischen Plattenbau-Einerlei folgte nach der Wende manch gesichtsloser Neubau. Und so ist auch der Wiederaufbau des Neumarkts vom Richtungsstreit »Tradition gegen Moderne« bestimmt.

Dresden lebt von und mit seinen Gegensätzen. Wer sich Zeit nimmt für diese Stadt, sich auf ihren Rhythmus einlässt, versteht, warum die Dresdner derart glühende Lokalpatrioten sind. Offenheit und Neugier vorausgesetzt, kommt man – egal ob in der Straßenbahn oder beim Wein – schnell ins Gespräch. Neben unbezahlbaren Expertentipps gibt's dann bisweilen ganze Lebensgeschichten als Zugabe.

Von der Elbe in die Welt

Raffaels Engel – zwei echte Dresdner

Die beiden bekanntesten Dresdner haben keine Namen. Man begegnet ihnen in der ganzen Welt – in Wohnstuben, Hotelzimmern und Restaurants, vor allem aber in Souvenirläden. Zu Hause sind sie jedoch seit 250 Jahren an der Elbe, in der Gemäldegalerie Alte Meister. Dort lümmeln sie zu Füßen der »Sixtinischen Madonnna«: zwei pausbäckige, leicht gelangweilt wirkende Renaissanceengelchen. Das berühmteste Gemälde der Staatlichen Kunstsammlungen Dresden wurde um 1513 von Raffael für den Hochaltar der Klosterkirche des heiligen Sixtus in Piacenza gemalt. Kurfürst Friedrich August II., der Sohn Augusts des Starken, erwarb das Bild und ließ es 1754 nach Dresden bringen.

FRID. AVGVSTI II
DVCIS SAXON. S.R.I. ELECTORIS
NEC NON REGIS POLONIAE CVRA
PATRI ET ANTECESSORI
POSITVM.
A.D. MDCCXXXVI.

Dresden verstehen

Die Geschichte, die Sprache, das Elbtal und der allgegenwärtige August

August I., II., III. ...
Wer sich mit Dresdens Kultur sowie der Geschichte Sachsens und seiner Herrscher beschäftigt, stolpert alle naselang über irgendeinen August. »August der Starke«, klar, den kennt jeder. Los ging es allerdings schon 170 Jahre vor dessen Zeit mit August, Kurfürst von Sachsen (1526–86). Der gründete 1560 die Kunstkammer und legte mit seiner Privatbibliothek den Grundstein für die Sächsische Landesbibliothek. August der Starke hieß eigentlich Friedrich August I. (1670–1733). Er war Kurfürst von Sachsen und als August II. auch König von Polen. Dessen Sohn Friedrich August II. (1696–1763) war ebenfalls Kurfürst von Sachsen und als August III. König von Polen. Die beiden machten sich um Kunst und Kultur derart verdient, dass man gleich ein ganzes Zeitalter nach ihnen benannte: das Augusteische, 1694 bis 1763, vom Amtsantritt des Vaters bis zum Tod des Sohnes. Der Vater hatte mit der Gräfin Cosel eine berühmte Mätresse, der Sohn mit dem Grafen Brühl einen ebenso berühmten Günstling. Dann wird es weniger spektakulär, doch es folgen noch drei weitere Auguste: Friedrich August III. (der Gerechte, 1750–1827), Kurfürst von Sachsen und ab 1806 König Friedrich August I. von Sachsen. Außerdem König Friedrich August II. (1797 bis 1854) und König Friedrich August III. (1865–1932), der letzte König von Sachsen.

Goldener Reiter: Friedrich August II. widmete das Denkmal seinem Vater, August dem Starken

13. Februar
Kein Datum spielt im kollektiven Bewusstsein der Dresdner eine größere Rolle. Die Nennung der Jahreszahl ist nicht erforderlich. Jeder Dresdner kennt sie. In der Nacht des 13. Februar 1945 und am folgenden 14. Februar, einem Aschermittwoch, zerstörten britische und amerikanische Bomberverbände die Stadt, die einmal als eine der schönsten Deutschlands galt und deren Bewohner kurz vor Kriegsende schon geglaubt hatten, noch einmal davongekommen zu sein. 35 000 Menschen starben, zurück blieb ein 15 km^2 großes Trümmerfeld. Die Frauenkirche stand noch anderthalb Tage, dann stürzte das ausgeglühte Bauwerk in sich zusammen. Den Dresdnern ist dieses Datum heilig – ungeachtet irgendwelcher Vereinnahmungsversuche, von welcher Seite auch immer. Bei diesem Thema versteht man an der Elbe keinerlei Spaß. Als in London 1992 ein Denkmal für Sir Arthur Harris eingeweiht wurde, den Oberkom-

Weinliebhaber kommen im Dresdner Umland auf ihre Kosten

mandierenden des Royal Air Force Bomber Command von 1942 bis 1945, genannt »Bomber Harris«, war man in Dresden »not amused« – und ließ das die Queen bei ihrem Dresden-Besuch auch spüren. Dankbar nahmen die Dresdner dagegen zur Kenntnis, wie sich Amerikaner und Briten – hier vor allem die Bürger von Dresdens Partnerstadt Coventry – mit Spenden am Wiederaufbau der Frauenkirche beteiligten. Das von dem Sohn eines einstigen Bomberpiloten gefertigte Turmkreuz wurde vom britischen »Dresden Trust« gestiftet. Und auch die Queen – nicht nachtragend – gab ihren Teil dazu.

Sächsisch

Genug gelästert. Es wird mal wieder Zeit, eine Lanze für die Sprache der Sachsen zu brechen und Missverständnisse auszuräumen: 1. Alle Deutschen, auch die Nichtsachsen, sprechen heute mehr Sächsisch, als ihnen lieb sein dürfte. Martin Luther hatte sich bei seiner Bibelübersetzung nämlich des »Meißner Kanzleideutschs« bedient und damit einen Wortschatz unters Volk gebracht, der sich im gesamten deutschen Sprachraum durchsetzte und eine wesentliche Grundlage für das Hochdeutsche bildete. Außerdem stellte der kluge Mann fest: »... die sächsische Sprache gehet fein leise und leicht ab.« Na bitte. 2. Nicht alle Ossis sind Sachsen, nicht alle Sachsen sprechen Sächsisch, nicht alle sächselnden Sachsen tun dies auf die gleiche Weise, und die Dresdner sind natürlich überzeugt, dass ihr Sächsisch am lieblichsten klingt. Walter Ulbricht, der oft parodierte DDR-Staatsratsvorsitzende, hat seins übrigens in Leipzig gelernt. 3. Der Sachse betrachtet das eigene Idiom oft mit viel Selbstironie, hat es jedoch gar nicht gern, wenn er von Mitgliedern anderer Volksgruppen »forrgaggeierd« wird und wenn etwa im Fernsehen Bösewichter oder Idioten häufig Sächsisch sprechen – oder das, was die Autoren dafür halten. 4. Im Erwachsenenalter Zugereiste werden das Sächsische nie wirklich beherrschen und sollten deshalb gar nicht erst versuchen sich anzubiedern. Lediglich das Wörtchen »Nu«, das so viel heißen kann wie »Na klar«, »Hab ich doch gesagt« oder einfach »Ja«, wird auch bei Beutesachsen geduldet. 5. »Ei forrbibbch!« (Sieh mal an!) sagt heute auch kein Sachse mehr.

Waldschlösschenbrücke
Kaum etwas wird in Dresden schon so lange und so kontrovers diskutiert wie der geplante Bau der »Waldschlösschenbrücke«. Während die Befürworter hoffen, der Neubau werde die vorhandenen Brücken der Stadt entlasten und den Verkehrsfluss entspannen, befürchten die Gegner eine Sogwirkung und damit eine Zunahme des Verkehrs oder finden schon die Idee, den anmutigsten Elbbogen der Stadt mit einer (noch dazu wenig originellen) Brücke zu verschandeln, absurd. Im Februar 2005 votierten aber 68 Prozent der Dresdner im Rahmen eines Bürgerentscheids für den Bau der Elbquerung. Mittlerweile war das Dresdner Elbtal jedoch in die Welterbeliste der Unesco aufgenommen worden. Die Urkunde war kaum überreicht, da fragte sich die Welterbekommission auch schon, ob mit der Brücke die Kriterien für einen Platz auf der prestigeträchtigen Liste überhaupt noch erfüllt seien. Welterbe oder Waldschlösschenbrücke? Ein unabhängiges Gutachten attestierte der Brücke »mit Schnellstraßencharakter« eine zu erwartende »irreversible Schädigung der besonderen Qualitäten des Elbtals«. Der für das Frühjahr 2006 angesetzte Baubeginn wurde verschoben. Und so scheint nur eins klar: Die Auseinandersetzung um die Waldschlösschenbrücke – vom langjährigen obersten Denkmalpfleger Sachsens, Prof. Dr. Heinrich Magirius, als »gewalttätiges Monstrum« bezeichnet – wird wohl noch eine Weile weitergehen. Ganz gleich, ob sie gebaut wird oder nicht ...

Auf der Weinstraße

Sächsische Winzer setzen auf Qualität

Von Pirna über Dresden bis Diesbar-Seußlitz führt die Sächsische Weinstraße durch eines der kleinsten Weinanbaugebiete Deutschlands. Rund zwei Dutzend Betriebe und 2500 Hobbywinzer folgen hier einer 800 Jahre alten Tradition. An den Hängen des Elbtals wachsen vor allem Weißweinsorten: Müller-Thurgau, Riesling, Weißburgunder. Gute Böden und mildes Klima ergeben erstklassige trockene Weine mit kräftig fruchtiger Säure. Probieren kann man die guten Tropfen in zahlreichen Weinlokalen und Straußwirtschaften, am besten jedoch bei einem der Weinfeste. Besondes beliebt sind das Herbst- und Weinfest Radebeul, das Federweißerfest in Diesbar-Seußlitz und das Weinfest in Meißen.

Feste, Events und mehr

Dresden zwischen Klassik und Kiezparty

Oper und Musical, Jazz und Rock, Blasmusik und Drehorgelklänge. Kein Zweifel: Dresden ist eine Stadt der Musik. Doch auch Theater, Tanz und Film haben hier ein lebendiges Zuhause. Und in den Sommermonaten wird auf Straßen, Plätzen und Elbwiesen manch ausgelassenes Fest gefeiert.

Umzug beim Elbhangfest

Feiertage

1. Jan. *Neujahr;* **März/April** *Karfreitag; Ostermontag;* **1. Mai** *Tag der Arbeit;* **Mai/Juni** *Christi Himmelfahrt; Pfingstmontag* **3. Okt.** *Tag der Deutschen Einheit;* **31. Okt.** *Reformationstag;* **Nov.** *Buß- und Bettag;* **25./26. Dez.** *Weihnachten*

Feste und Veranstaltungen

Januar

Semperopernball: 2006 neu aufgelegtes gesellschaftliches Highlight

April

Internationales Festival für Animations- und Kurzfilm: Wettbewerbe und Rahmenprogramme im *Metropolis; Tel. 82 94 70, www.filmfest-dresden.de*

Internationale Tanzwoche: modernes Tanztheater; *Tel. 810 76 00, www.tanzwoche.de*

Mai

Dampferparade ab Terrassenufer mit historischen Raddampfern; *Tel. 86 60 90, www.saechsische-dampfschiffahrt.de*

★ *Dixieland-Festival:* Seit 1971 wird Dresden im Mai zur Hauptstadt des Dixielands; Höhepunkt: Dixieparade; *www.dixieland.de*

Karl-May-Festtage Radebeul: Echte Indianer, Pow Wow und Wild-West-Romantik, am Wochenende nach Himmelfahrt; *Tel. 831 16 00, www.karl-may-fest.de*

Mai/Juni
★ *Dresdner Musikfestspiele:* Musikfestival, jedes Jahr zu einem anderen Thema, vor allem Klassik,aber auch Weltmusik oder Jazz; *Tel. 486 63 08, www.musikfestspiele.com*

Juni
Bunte Republik Neustadt: Stadtteilfest mit Musik, Kunst und Partys auf Straßen, in Kneipen und Hinterhöfen der Äußeren Neustadt
★ *Elbhangfest:* Ein Wochenende mit Veranstaltungen am Elbhang zwischen Loschwitz und Pillnitz, Festumzug und Drachenbootrennen; *Tel. 268 38 32, www.elbhangfest.de*

Juni–September
Filmnächte am Elbufer: Ende Juni bis Ende August Filme und Konzerte vor der angestrahlten Altstadtkulisse; *Tel. 89 93 20, www.filmnaechte-am-elbufer.de*

Juli
Museums-Sommernacht: offene Museen und Veranstaltungen bis 1 Uhr nachts; *www.dresden.de/msn*

August
Insider Tipp *Moritzburg Festival:* kleines, aber feines Kammermusikfest u. a. in Kirche und Schloss Moritzburg; *Tel. 810 54 95, www.moritzburgfestival.de*
Insider Tipp *Scheune-Schaubuden-Sommer:* Attraktionen und Sensationen im Hof der »Scheune«; *Tel. 804 55 32, www.schaubudensommer.de*
Stadtfest: Volksfest mit Bühnen, Bratwurst und Bier; *Tel. 49 19 21 00, www.dresden-tourist.de*

September
Herbst & Weinfest in Radebeul-Kötzschenbroda: Weine von der Sächsischen Weinstraße und *Wandertheater-Festival*; *Tel. 831 16 00, www.weinfest-radebeul.de*

Oktober
Tage der zeitgenössischen Musik: sinfonische bis elektronische Musik u.a. im Festspielhaus Hellerau; *Tel. 26 46 20, www.kunstforumhellerau.de*

November
Tanzherbst: Das Festival widmet sich dem choreografischen und tänzerischen Schaffen von Frauen in der Tradition des Ausdruckstanzes; *Tel. 801 94 08, www.tanzherbst.de*
CYNETart: Medienkunstfestival mit Performances, Installationen etc.; *Tel. 889 66 65, www.cynetart.de*

Dezember
★ *Striezelmarkt:* einer der ältesten Weihnachtsmärkte Deutschlands, Marktprivileg seit 1434, *Altmarkt*

Hoch hinaus beim Stadtfest

YENIDZE • YENIDZE

Von Barock bis Bunte Republik

Schlösser, Gärten, Kirchen und junges Leben in alten Häusern

Um Dresden zu erkunden, reicht ein Tag nicht aus, auch wenn es auf den ersten Blick vielleicht so aussieht. Die historische Altstadt können Sie in nur wenigen Stunden durchlaufen, dann haben Sie die wichtigsten Sehenswürdigkeiten gesehen – aber nur von außen. Wer Dresden wirklich kennen lernen will, muss tiefer eintauchen, muss vor der Sixtinischen Madonna stehen, über das »Blaue Wunder« gehen und abends in einer Hinterhofkneipe der Neustadt einen Schoppen Wein trinken.

Lassen Sie sich von *Igeltour (Tel. 804 45 57, www.igeltour-dresden.de)* die schönsten Plätze und verborgenen Schätze der Stadt zeigen oder von *Fräulein Kerstin (Tel. 801 90 48, www.stadtfuehrung-dresden.de)* erklären, warum der Zwinger Zwinger heißt. Stadtrundgänge mit »August dem Starken« und der »Gräfin Cosel« bieten *Programmgestaltung Matthes (Tel. 411 67 56, www.programmgestaltung-matthes.de)* und *Dresdner Hoftheater (Tel. 899 56 55, www.dresdner-hoftheater.de)*. Und wer

Der Architekt der »Tabakmoschee« Yenidze wurde einst heftig kritisiert

Stallhof des Residenzschlosses

für die Begegnung mit »Ihro Majestät« gewappnet sein will, lernt bei einem Spaziergang mit dem »Reichsgrafen von Brühl« gleich noch Verbeugung und Hofknicks *(Tel. 479 81 84, www.reichsgraefliche-geschichten.de)*.

BAUWERKE

Altstädter Wache **[115 D3]**
Baumeister Karl Friedrich Schinkel lieferte die Entwürfe für die »Neue Hauptwache« am Theaterplatz, die deshalb auch Schinkel-Wache genannt wird. Das 1830–32 errichtete klassizistische Gebäude beherbergt heute den Besucherdienst der Semperoper, eine Tourist-Information und ein Café. *Theaterplatz, Straßenbahnen 4, 8, 11 Theaterplatz*

Der Fürstenzug an der Fassade des Stallhofs ist 102 m lang

Blockhaus **[115 D2]**
Am rechtselbischen Brückenkopf der Augustusbrücke befindet sich die 1732–55 nach Plänen von Zacharias Longuelune erbaute Neustädter Wache. In dem »Blockhaus« genannten Barockbau sitzen die Sächsische Akademie der Künste und die Landesstiftung Natur und Umwelt. *Neustädter Markt, Straßenbahnen 3, 4, 8, 11 Neustädter Markt*

Cholerabrunnen **[114–115 C–D3]**
Eugen von Gutschmid stiftete den Brunnen, weil die Stadt von der 1841/42 grassierenden Choleraepidemie verschont blieb. Der Entwurf für den 18 m hohen neugotischen Spitzturm mit 40 Wasserspeiern stammt von Gottfried Semper. *Sophienstraße, Straßenbahnen 1, 2, 4, 8, 9, 11, 12, Busse 75, 94 Postplatz*

Coselpalais **[115 E3]**
Bei den Bombenangriffen des 13.2. 1945 wurde das spätbarocke Palais von Friedrich August von Cosel, einem Sohn Augusts des Starken und der Gräfin Cosel, bis auf die Flügelbauten vernichtet. Die bis 1999 originalgetreu wiederhergestellte Außenhülle beherbergt Büros, das *Grand Café & Restaurant* sowie in den Mauerresten eines *Pulverturms* ein rustikales Restaurant gleichen Namens. *An der Frauenkirche 12 a, Straßenbahnen 1, 2, 4, Altmarkt*

Elbschlösser **[118 C3]**
Zwischen Stadtzentrum und »Blauem Wunder« schmiegen sich drei Perlen der Schlossarchitektur des 19. Jhs. an den Elbhang.

Das nach Prinz Albrecht von Preußen benannte und von Schinkel-Schüler Adolph Lohse geplante *Schloss Albrechtsberg* (1850–54) vermittelt den Eindruck einer römischen Renaissancevilla. Zu DDR-Zeiten Pionierpalast, befinden sich hier jetzt eine Jugendkunstschule und eine gastronomische Lehreinrichtung. Im prunkvollen Kronensaal, im Türkischen Bad, auf der Gartenterrasse oder im unterhalb des Schlosses gelegenen Römischen Bad finden Konzerte und andere Veranstaltungen statt.

Das benachbarte – von Adolph Lohse weitaus bescheidener konzipierte – *Lingnerschloss* entstand nahezu gleichzeitig als Villa Stockhausen für den Kammerherrn des Prinzen. 1906 erwarb Odol-König und Hygiene-Museums-Begründer Karl August Lingner den spätklassizistischen Bau. Seit 2002 kümmert sich ein Förderverein um die Sanierung und die Einrichtung eines »Treffpunktes für Wirtschaft, Wissenschaft und Kultur« samt Café (während der Bauphase Sommerwirtschaft auf der Terrasse).

Eingebettet in eine reizvolle Parkanlage liegt auf einem Hangsporn über der Elbe *Schloss Eckberg.* Es wurde 1859–61 von Semper-Schüler Christian Friedrich Arnold für den Großkaufmann John Daniel Souchay im neogotischen Tudorstil errichtet. Heute residiert hier ein exquisites Hotel mit Restaurant. Den besten Blick auf alle drei Schlösser hat man vom Käthe-Kollwitz-Ufer. Insider Tipp

Die Parks der Schlösser sind zugänglich, Führungen im Schloss Albrechtsberg (Termine: Tel. 811 58 21) und im Lingnerschloss (April–Okt. Mi 15 und 17 Uhr, Tel. 646 53 82); Bautzner Str. 130–134, Straßenbahn 11 Schloss Albrechtsberg

Erlweinspeicher **[114 C2]**

Gebaut wurde der zwischen Sächsischem Landtag und dem Internationalen Congress Center an der Elbe liegende Speicherkoloss von dem Mann, der das Bild der Stadt zu Beginn des 20. Jhs. wie kein anderer prägte: Hans Erlwein. Seit Mai 2006 beherbergt der stattliche Bau

MARCO POLO Highlights »Sehenswertes«

★ **Brühlsche Terrasse**
Flanieren auf dem Balkon Europas (Seite 37)

★ **Frauenkirche**
Auferstanden aus Ruinen (Seite 29)

★ **Zwinger**
Barocke Prachtanlage Augusts des Starken (Seite 26)

★ **Fürstenzug**
Ahnengalerie der Wettiner in Meissener Porzellan (Seite 22)

★ **Residenzschloss**
Sitz der sächsischen Herrscher (Seite 23)

★ **Schloss und Park Pillnitz**
Exotische Sommerresidenz (Seite 24)

★ **Großer Garten**
Naherholungsgebiet im Herzen der Stadt (Seite 32)

★ **Semperoper**
Gottfried Sempers Meisterwerk wurde mehrfach wiederaufgebaut (Seite 25)

das *Hotel Maritim. Devrientstraße, Straßenbahn 9 Kongresszentrum (Haus der Presse)*

Fürstenzug **[115 D3]**
★ Fast 100 überlebensgroße Figuren zählt der 102 m lange Reiterzug an der Nordwand des Langen Gangs. Neben Adligen, Militärs und Vertretern des Dresdner Bildungsbürgertums sind dies vor allem die Herrscher des Hauses Wettin, von Konrad dem Großen (1098–1157) bis König Georg I. (1832–1904). Sachsens letzter König fehlt: Friedrich August III. war bei Fertigstellung des Wandfrieses in Sgraffitotechnik 1876 noch ein Knabe. 1904–07 übertrug man das Bild auf 25 000 Meissener Porzellankacheln. *Augustusstraße, Straßenbahnen 4, 8, 11 Theaterplatz*

Gewandhaus **[115 E4]**
Das 1768–70 errichtete Gewandhaus beherbergte einst Fleischhauer und Gewandschneider, ein Theater und die Stadtbank. Heute ist es ein Hotel. 1945 brannte das stilistisch zwischen Rokoko und Klassizismus angesiedelte Gebäude aus. Beim Wiederaufbau wurde ein Atrium eingefügt und an der Rückseite der *Dinglinger-Brunnen* angebracht. *Ringstr. 1, Straßenbahnen 1–4, 6, 7, 12, Bus 82 Pirnaischer Platz*

Gläserne Manufaktur **[117 E6]**
Luxuslimousinen für alle! Zumindest zum Anschauen: Mitten in der Stadt lässt der VW-Konzern seinen »Phaeton« sowie einige Bentley-Modelle montieren. Neben Einblicken in die Produktion erwarten die Besucher ein Schauturm, Fahrsimulationen, das Kugelhaus mit Multimedia-Installation, Bar und Restaurant *Lesage* sowie Ausstellungen der *Galerie Neue Meister. Führungen tgl. 8–20 Uhr, nur nach Voranmeldung über das Customer Care Center, Tel. 0180/589 62 68, Lennéstr. 1, Straßenbahnen 1, 2, 4, 10, 12, 13 Straßburger Platz*

Goldener Reiter **[115 E2]**
1736, über drei Jahre nach dem Tod Augusts des Starken, wurde auf dem Neustädter Markt sein imposantes Reiterstandbild enthüllt. Der in Kupferblech getriebene Monarch, 2003 neu vergoldet, reitet im Gewand eines römischen Cäsaren in Richtung seines polnischen Königreichs. *Neustädter Markt, Straßenbahnen 3, 4, 8, 11 Neustädter Markt*

Jägerhof **[115 E2]**
Die dem kurfürstlichen Jagdwesen dienende Anlage wurde ab 1568 auf dem Gelände eines aufgegebenen Augustinerklosters errichtet. Im 19. Jh. verfiel der Jägerhof, lediglich der Westflügel mit seinem Renaissancegiebel und drei Treppentürmen blieb erhalten. Der Volkskundler Oskar Seyffert fand hier 1913 einen Rahmen für sein *Museum für Volkskunst* (heute *Museum für Sächsische Volkskunst* mit Puppentheatersammlung). *Köpckestr. 1, Straßenbahnen 3, 6–8, 11 Carolaplatz*

Japanisches Palais **[115 D1]**
Aus einem 1717 erworbenen Palais an der Elbe wollte August der Starke zusammen mit seinen besten Architekten – de Bodt, Longuelune, Knöffel und Pöppelmann – ein »Porzellanschloss« für seine Sammlung machen. Der Tod des Kurfürsten verhinderte die Vollendung, der

Name und die geschweiften Dächer weisen jedoch noch immer auf die Bestimmung des Bauwerks hin. Heute präsentieren hier das Museum für Völkerkunde, das Landesmuseum für Vorgeschichte und die Naturhistorischen Sammlungen Dresden wechselnde Ausstellungen. Vor dem Palais steht ein Denkmal König Friedrich Augusts I. *Palaisplatz, Straßenbahnen 3, 4 Palaisplatz*

Johanneum **[115 D3]**
Das mehrfach umgebaute imposante Gebäude beherbergte früher unter anderem Ställe und Wagenremise, die Gemäldegalerie Alte Meister und die Porzellansammlung. Seit 1956 *Verkehrsmuseum.* Vor dem Eingang steht der *Türkenbrunnen. Neumarkt/Jüdenhof, Straßenbahnen 1, 2, 4 Altmarkt*

Kulturpalast **[115 D4]**
Der 1969 eingeweihte Veranstaltungstempel mit Glasfassade und Kupferdach bietet Raum für Konzerte, Bälle, Kongresse (der Festsaal bietet bis zu 2435 Plätze). Die Dresdner Philharmonie, die Musikfestspiele und das Dixielandfestival geben sich hier die Ehre. Das monumentale Wandbild »Der Weg der roten Fahne« von Gerhard Bondzin an der Schlossstraßenfassade wird seit der Wende durch ein – zunächst blickdichtes, jetzt durchscheinendes – Sicherheitsnetz bedeckt. *Altmarkt, Straßenbahnen 1, 2, 4 Altmarkt*

Landhaus **[115 E4]**
Der spätbarock-klassizistische Bau (1770–75) diente einst als Tagungsgebäude der sächsischen Landstände. 1945 stark beschädigt und nach dem Krieg rekonstruiert, beherbergt das Haus seit 1965 das *Stadtmuseum Dresden*, seit 2005 zudem die *Städtische Galerie Dresden.* Spektakuläre Außen-Fluchttreppe. *Wilsdruffer Str. 2, Straßenbahnen 1–4, 6, 7, 12, Bus 82 Pirnaischer Platz*

Rathaus **[115 D–E 4–5]**
Als Neues Rathaus ersetzte es 1910 das zu eng gewordene alte Rathaus am Altmarkt. Auf der Spitze des Rathausturms steht der frisch sanierte, fast 5 m hohe *Goldene Rathausmann:* Herkules mit einem Füllhorn. Die Aussichtsplattform *(April–Okt. tgl. 10–18 Uhr, 2,50 Euro)* in 68 m Höhe ist mit einem Fahrstuhl zu erreichen. Vor der »Goldenen Pforte« steht die Trümmerfrau, ein Denkmal für die Frauen, die Dresden nach 1945 aus dem Schutt gruben. *Dr.-Külz-Ring, Straßenbahnen 1–4, 6, 7, 12, Bus 82 Pirnaischer Platz*

Residenzschloss **[115 D3]**
★ Die einstige Residenz der Wettiner ist ein wahres Kleinod deutscher Schlossarchitektur. Aus einer mehrfach umgebauten Burg entstand nach 1547 eines der prachtvollsten Renaissanceschlösser Deutschlands. 150 Jahre später erfolgte unter August dem Starken eine Neugestaltung in barockem Prunk, zum 800-jährigen Wettin-Jubiläum Ende des 19. Jhs. ein letzter großen Umbau im Neorenaissance-Stil. In der Bombennacht des 13. Februar 1945 brannte das imposante Bauwerk vollständig aus. Nachdem zwischen 1964 und 1979 *Georgenbau* und *Stallhof* wieder hergestellt worden waren, begann 1985 der umfassende Wiederaufbau des Schlosses.

Nach der Wende erhielt der Stumpf des *Hausmannsturms* eine neue Turmspitze, wurden der Süd- und der Westflügel sowie Teile des Großen Schlosshofs mit den Treppentürmen und Fassaden in Sgraffito-Gestaltung rekonstruiert. Mittlerweile schreitet der Wiederaufbau des Ostflügels voran, die endgültige Fertigstellung der Anlage wird jedoch wohl noch Jahre in Anspruch nehmen.

2004 konnten das *Kupferstich-Kabinett,* die *Kunstbibliothek* und das *Neue Grüne Gewölbe,* im Herbst 2006 das *Historische Grüne Gewölbe* ihre Räume im Schloss beziehen, Teile der Münzsammlung werden im Hausmannsturm präsentiert. Von der Aussichtsplattform des 101 m hohen Turms hat man den Überblick über das gesamte Areal und die historische Altstadt *(April–Okt. Mi–Mo 10–18 Uhr, über Eingang Sophienstraße, 2,50 Euro).*

Der *Stallhof* östlich des Georgenbaus war einst ein Ort höfischer Vergnügungen. Begrenzt wird er vom *Johanneum* und dem *Langen Gang* (1586–88) mit dem berühmten *Fürstenzug* an der Außenwand. Eine um 1900 gebaute Brücke verbindet das Schloss mit der *Hofkirche,* eine weitere mit dem *Taschenbergpalais.* Das ließ August der Starke Anfang des 18. Jhs. an der Südwestecke des Schlosses für seine Mätresse, die Gräfin Cosel, errichten. Nach jahrzehntelangem Ruinendasein wurde das Palais wieder aufgebaut und beherbergt seit 1995 ein Kempinski-Hotel. *Straßenbahnen 1, 2, 4, 8, 9, 11, 12, Busse 75, 94 Postplatz; Straßenbahnen 4, 8, 11 Theaterplatz; Straßenbahnen 1, 2, 4, Altmarkt*

Schloss und Park Pillnitz **[125 E 5–6]**

★ 1706 überließ August der Starke seiner Mätresse, der Gräfin Cosel, das Anwesen – und nahm es ihr nach dem Ende der Liaison wieder weg. 1720–23 entstand auf dem Gelände nach Plänen von Pöppelmann und Longuelune eine herrschaftliche Sommerresidenz: *Berg-* und *Wasserpalais* (heute *Kunstgewerbemuseum*) im Chinoiserie-Stil, spiegelbildlich angelegt und verbunden durch einen Lustgarten. In den folgenden 100 Jahren wurden Flügelbauten und das *Neue Palais,* das seit Juni 2006 das *Schlossmuseum Pillnitz (April–Okt. 10–18 Uhr, 3 Euro)* beherbergt, ergänzt. Berühmtestes Gewächs des *Schlossparks* ist die Pillnitzer Kamelie. Diese gelangte vermutlich gegen Ende des 18. Jhs. aus Japan über Umwege nach Dresden. 1905 überstand sie bei minus 20 Grad Celsius einen Brand ihres hölzernen Schutzhauses. Seit 1992 wird die fast 9 m hohe Pflanze im Winter von einem fahrbaren Glashaus geschützt. Von Mitte Februar bis April trägt sie Tausende roter Blüten *(Besichtigung 1 Euro).*

Am reizvollsten ist die Parkanlage mit ihren verschiedenen Gärten, Pavillons und Teichen in den frühen Morgenstunden oder im letzten Sonnenlicht *(Zugang von 5 Uhr bis Sonnenuntergang).* Nehmen Sie an einer Parkführung teil oder besuchen Sie eines der Openairkonzerte oder eine Teezeremonie im *Chinesischen Pavillon.* Besucherinformation »Alte Wache«: *Mai–Okt. 9–18, Nov.–April 10–16 Uhr, Tel. 261 32 60, www.schloesser-dresden.de.* Übernachtung und Restaurants im *Schloss Hotel Dresden-Pillnitz. Bus 83 Pillnitzer Platz*

Beim Wiederaufbau der Semperoper verzichtete man auf den 5. Rang

Semperoper **[114–115 C–D3]**
★ Nachdem das erste Semper-Opernhaus 1869 abgebrannt war, entstand 1871–78, an gleicher Stelle und wiederum entworfen von Gottfried Semper, das zweite Königliche Hoftheater im Stil der italienischen Hochrenaissance. Nach der Zerstörung am 13. Februar 1945 und der Fassadensicherung bis 1956 entschied man sich für einen weitgehend originalgetreuen Wiederaufbau. Am 13.2. 1985, dem 40. Jahrestag ihrer Zerstörung, wurde die Semperoper wieder eröffnet. Achten Sie bei einem Besuch auf die meisterhaften Marmorimitationen in den Vestibülen, die Bilder des Deckenplafonds im Zuschauersaal und die doppelfenstrige Uhr über der Bühne. Die bronzene Pantherquadriga über dem Portal schuf Johannes Schilling, die Skulpturen Goethes und Schillers neben dem Eingang Ernst Rietschel. *Theaterplatz, Informationen zu Eintrittskarten siehe »Am Abend«; Führungen (ca. 45 Min., 6 Euro) nur außerhalb von Proben und Vorstellungen, Termine über Besucherdienst Schinkelwache, Tel. 491 14 96, www.semperoperfuehrungen.de, Straßenbahnen 4, 8, 11 Theaterplatz*

Yenidze **[114 B1]**
Was aussieht wie ein muslimisches Gotteshaus, wurde ab 1907 als Zigarettenfabrik gebaut – mit einem als Minarett getarnten Schornstein. Der Architekt Martin Hammitzsch flog wegen des umstrittenen Entwurfs aus der Reichsarchitektenkammer. Heute sind in der »Tabakmoschee« Büros und das Kuppelrestaurant *Yenidze* mit Terrasse in luftiger Höhe (Insider Tipp) *(tgl. ab 11 Uhr, Tel. 490 59 90, €–€€)* untergebracht. Außerdem *1001 Märchen* in der bunten Glaskuppel. *Weißeritzstr. 3, Straßenbahn 9 Kongresszentrum (Haus der Presse), Bus 75 Heinz-Steyer-Stadion*

Der Zwinger: ein Meilenstein höfischen Barocks

Zwinger **[114 C3]**

★ Den martialischen Namen verdankt die luftig-heitere Anlage ihrem Standort an der einstigen Stadtbefestigung. Zwischen 1709 und 1732 entstand hier im Auftrag Augusts des Starken und nach Entwürfen des Architekten Matthäus Daniel Pöppelmann und des Bildhauers Balthasar Permoser ein einzigartiges barockes Gesamtkunstwerk. Um einen rechteckigen Hof mit Wasserspielen gruppieren sich spiegelbildlich der Wall- und der Glockenspielpavillon sowie vier durch Bogen- und Langgalerien verbundene Eckpavillons. Den Hauptzugang bildet das *Kronentor* mit einer Zwiebelkuppel und der von Adlern getragenen polnischen Königskrone. Durch den *Wallpavillon* gelangt man in das verspielte *Nymphenbad* sowie auf die Dächer der Galerien. Den Ausblick auf die gesamte Anlage sollten Sie sich ebenso wenig entgehen lassen, wie Insider Tipp einen Spaziergang entlang der Balustrade bis zum *Glockenspielpavillon*. Dessen Glocken aus Meissener Porzellan spielen Melodien von Vivaldi, Mozart und Bach *(Ostern bis Dez. tgl. 10.15, 14.15 und 18.15 Uhr)*.

1847–55 wurde das Ensemble zur Elbseite mit einem von Gottfried Semper entworfenen Galeriegebäude geschlossen, hier befinden sich die berühmten »Alten Meister«. Nach schweren Zerstörungen in der Dresdner Bombennacht begann man noch 1945 mit dem Wiederaufbau des Baudenkmals, der bis Mitte der 1960er-Jahre dauerte. Heute beherbergt der Zwinger vor allem mehrere Museen der Staatlichen Kunstsammlungen Dresden – neben der *Gemäldegalerie* die *Porzellansammlung*, den *Mathematisch-Physikalischen Salon* und die *Rüstkammer*. Romantisch: Ein Abend mit Konzert oder Ballett im Zwingerhof Insider Tipp *(Karten beim jeweiligen Veranstalter oder der Touristinfo). Zwischen Ostra-Allee und*

Theaterplatz, Straßenbahnen 1, 2, 4, 8, 9, 11, 12, Busse 75, 94 Postplatz

BRÜCKEN

Augustusbrücke **[115 D2–3]**
1275 wurde erstmals eine Brücke an dieser Stelle erwähnt. Im Laufe der Jahrhunderte erlebte das Bauwerk Zerstörungen durch Hochwasser und Kriege sowie zahlreiche Umbauten. In ihrer heutigen Form 1907–10 errichtet, verbindet die 331 m lange Sandsteinbrücke den rechtselbischen Neustädter Markt mit dem linkselbischen Schlossplatz. Den mittleren Hauptpfeiler schmückt eine Plastik in Form einer Woge von dem Dresdner Künstler Tobias Stengel. *Straßenbahnen 4, 8, 11 Theaterplatz, 3, 4, 8, 11 Neustädter Markt*

Blaues Wunder **[119 D4–5]**
Als die Loschwitzer Brücke 1891 bis 1893 zwischen Blasewitz und Loschwitz errichtet wurde, galt die Konstruktion ohne Strompfeiler aus 3500 t Eisen und rund 100 000 Nieten als ingenieurtechnische Meisterleistung. Zur Einweihung trug sie den Namen König Alberts. Den Kosenamen »Blaues Wunder« verdankt sie dem blauen Anstrich. Dass ihre Farbe ursprünglich grün gewesen sei und sich erst durch Ausbleichen der gelben Pigmente auf wundersame Weise zu Blau gewandelt habe, ist eine Legende. *Straßenbahnen 6, 12, Busse 61, 83, 85 Schillerplatz, Busse 61, 83, Standseil/Schwebebahn Körnerplatz*

FRIEDHÖFE

Alter Jüdischer Friedhof **[117 E3]** Insider Tipp
Von 1751 bis 1869 bestattete die Jüdische Gemeinde hier ihre Toten. Führungen über den mit Efeu überwucherten Friedhof starten am Begegnungszentrum HATiKVA *(Mo bis Do 9–12, 13–16, Do bis 17) Uhr, Tel. 802 04 89)* gleich nebenan. Die Mitarbeiter öffnen Ihnen auch gern das Tor zum Friedhof. *Pulsnitzer Str. 10, Straßenbahn 11 Pulsnitzer Straße*

Entspannen & Genießen

Pack die Badehose ein!

Auch wenn sich Unerschrockene wieder in die Fluten wagen – Elbe-Badeanstalten, wie es sie bis Mitte des 20. Jhs. an jeder Flussbiegung gab, sind noch nicht wieder in Sicht. Ersatz bietet das *Georg-Arnhold-Bad* zwischen Stadtzentrum und Großem Garten *(April–Sept. Di, So 9–22, Mo, Mi–Sa 9–23 Uhr, im Winter variierende Öffnungszeiten, 2 Std. 4,50 Euro, Tel. 494 22 03, Hauptallee 2, Straßenbahnen 10, 13 Großer Garten)*. Das Hallen- und Freibad bietet mehrere Becken, Strömungskanal und Whirlpool sowie eine Röhrenrutsche. Probieren Sie unbedingt *Willy Vanillis Softeis* am Eisstand vor dem Eingang.

Mit der Schwebebahn auf die Loschwitzhöhe: Blick aufs »Blaue Wunder«

Alter Katholischer Friedhof **[114 A1]**

Auch »Innerer katholischer Friedhof«. Er wurde 1720 gegenüber dem Palais Marcolini (heute Krankenhaus) angelegt und besitzt zahlreiche barocke und klassizistische Grabmale. Von Gottfried Semper stammt das für Carl Maria von Weber. Außerdem liegen hier u. a. Balthasar Permoser und Gerhard von Kügelgen. Das Grab Adrian Ludwig Richters, des berühmten Malers der Romantik, befindet sich auf dem *Neuen Katholischen Friedhof (Bremer Str. 20, ca. 1 km entfernt). Tgl. 8 Uhr bis Einbruch der Dunkelheit, spätestens 20 Uhr, Friedrichstr. 54, Tel. 496 43 03, Straßenbahn 10, Bus 94 Krankenhaus Friedrichstadt*

Trinitatisfriedhof **[117 F4]**

Nach dem Napoleonischen Krieg 1813/14 außerhalb der Stadt angelegt (heute Johannstadt). Für die Gestaltung mehrerer Grabstätten waren der Maler Caspar David Friedrich und der Bildhauer Ernst Rietschel verantwortlich. Beide fanden hier selbst ihre letzte Ruhestätte. Ein Obelisk erinnert an die Revolutionäre des Maiaufstands von 1849. *Tgl. 8 Uhr bis Einbruch der Dunkelheit, spätestens bis 20 Uhr, Fiedlerstr. 1, Tel. 459 36 17, Straßenbahn 6 Trinitatisplatz*

HISTORISCHE VERKEHRSMITTEL

Sächsische Dampfschiffahrt **[115 E3]**

Sie besitzt die größte und älteste Raddampferflotte der Welt. Die aufgemöbelten, schnaufenden Dampfer mit ihren blitzenden Messinginstrumenten werden innig geliebt; der dienstälteste, die »Stadt Wehlen«, lief 1879 vom Stapel. Dampferparade am 1. Mai, Flottenparade am 1. August. *Terrassenufer, Infos zu Fahrten: Tel. 86 60 90, www.saechsische-dampfschiffahrt.de*

Standseil- & Schwebebahn [119 E4]
Die 1895 eröffnete Standseilbahn führt vom Körnerplatz bis vor die Tür des *Luisenhofs* auf dem »Hirsch« und überwindet dabei einen Höhenunterschied von 95 m. Von der Talstation der 1901 eingeweihten Schwebebahn am Beginn der Pillnitzer Landstraße geht es in 3 Minuten auf die *Loschwitzhöhe*. Insider Tipp Aussichtsplattform auf dem Dach der Bergstation *(1 Euro). Infos zu Fahrten: www.dvb.de*

KIRCHEN

Dreikönigskirche [115 E1]
Die barocke Kirche entstand zwischen 1732 und 1739 nach Plänen Pöppelmanns. Bauausführung und Innengestaltung übernahm George Bähr. 1984–90 erfolgte der Umbau des 1945 ausgebrannten Sakralbaus zum *Haus der Kirche* mit Kirchraum *(Mo–Sa 10–18, So 11–16 Uhr)*, Veranstaltungs-, Seminar- und Begegnungsräumen. Turm mit Aussichtsplattform in 45 m Höhe. *(Eingang D, März–Okt. Di 11.30 bis 16, Mi–Sa 11–17, So 11.30–17, Nov.–Feb. Mi 12–16, Do/Fr 10–16, Sa 10–17, So 11.30–16.30 Uhr, 1,50 Euro) Hauptstr. 23, Tel. 812 41 02, www.hdk-dkk.de, Straßenbahnen 6–8, 11 Albertplatz, 3, 4, 8, 11 Neustädter Markt*

Frauenkirche [115 E3]
★ Dresdens neues altes Wahrzeichen! Das beeindruckende protestantische Gotteshaus entstand 1726–43 nach Plänen von Ratszimmermeister George Bähr, der sich von den Kuppeln italienischer Kirchen hatte inspirieren lassen. Weder der Architekt noch August der Starke, der den Kirchenbau trotz seines Übertritts zum Katholizismus unterstützte, erlebten ihre Fertigstellung. Die riesige Kuppel, die »Steinerne Glocke«, widerstand dem Bombardement der Preußen im Siebenjährigen Krieg. Auch die Bombennacht des 13. Februar 1945 hatte sie zunächst – obwohl ausgebrannt – überstanden: ein Zeichen der Hoffnung über rauchenden Trümmern. Am Vormittag des 15. Februar jedoch gaben die ausgeglühten Pfeiler nach, und die Kirche sank in sich zusammen. Nach dem Krieg avancierte die Ruine zum Mahnmal gegen den Krieg, in den 1980er-Jahren zum Symbol der DDR-Friedensbewegung.

1993 begann mit der Bergung und Inventarisierung der noch verwendbaren Steine der Wiederaufbau, am 30. Oktober 2005 erfolgte die festliche Weihe der Frauenkirche. Das lichtdurchflutete Kircheninnere in der Form eines Zentralraumes mit fünf Emporen und Platz für 1800 Menschen empfängt den Besucher in barocker Pracht. Der Altar von Johann Christian Feige konnte unter Verwendung erhaltener Teile wieder hergestellt werden. Auch der Orgelprospekt wurde rekonstruiert, die Orgel im Geiste Silbermanns von der Straßburger Firma Kern gebaut. Das beschädigte Original-Kuppelkreuz erinnert an die Dresdner Bombennacht, das neue – Sinnbild der Versöhnung – schuf ein Londoner Kunstschmied, Sohn eines britischen Bomberpiloten. In der Unterkirche, dem »Ort der Stille«, befindet sich das restaurierte Grabmahl George Bährs. Unbedingt zu empfehlen ist ein Aufstieg auf die *Laternenplattform* über der Kuppel. Regelmäßig Gottesdienste *(So 11 und 18 Uhr)* sowie Konzerte und andere Veranstaltungen.

Freie Besichtigung (Eingang D, mit Rollstuhl Eingang A): in der Regel Mo–Fr 10–12 und 13–18 Uhr, am Wochenende variierende Öffnungszeiten, Einschränkungen bei Veranstaltungen. Orgelandacht/-vesper mit Führung: Mo–Sa 12, Mo–Mi, Fr 18 Uhr (Eintritt frei). Kuppelaufstieg (Eingang G) April bis Okt. tgl. 10–13, 14–18, Nov. bis März 10–13, 14–16 Uhr (8 Euro); Besucherdienst: Tel. 65 60 61 00, Veranstaltungskarten: Tel. 65 60 67 01, Besucherzentrum Frauenkirche (Galeriestraße/Kulturpalast), Souvenirs im Treffpunkt Galerie Frauenkirche (neben dem Coselpalais), www.frauenkirche-dresden.de, Neumarkt; Besucherdienst: Tel. 498 11 31, www.frauenkirche-dresden.org, Straßenbahnen 1, 2, 4 Altmarkt

Hofkirche/ Kathedrale Ss. Trinitatis **[115 D3]**

Friedrich August II. beauftragte den italienischen Architekten Gaetano Chiaveri 1739 mit dem Bau der katholischen Hofkirche. 78 Figuren des Bildhauers Lorenzo Mattielli schmücken Fassade und Balustraden des Gotteshauses im Stil des römischen Spätbarock. Um die katholischen Prozessionen von den Straßen des protestantischen Dresden fernzuhalten, wurde ein Prozessionsumgang eingefügt. Einen Kontrast zum schlichten Inneren der Kirche bildet die verspielte Kanzel von Balthasar Permoser. Die Silbermannorgel überlebte den Krieg durch Auslagerung. In der Gruft steht neben den Sarkophagen sächsischer Herrscher eine Urne mit dem Herz Augusts des Starken, sein Leib ruht in Krakau. Ein Mahnmal des Bildhauers Friedrich Press erinnert in der Nepomuk-Kapelle an die »Opfer des 13. Februar und aller ungerechten Gewalt«. 1980 wurde die Hofkirche zur Kathedrale Ss. Trinitatis des Bistums Dresden-Meißen erhoben. *Öffnungszeiten variieren, Führungen Fr–So 13, Mo–Do, Sa 14 Uhr, Orgelvorspiel Mi und Sa 11.30 bis 12 Uhr, geistliche Orgelmusik jeden 3. Mi 20 Uhr, Theaterplatz (Eingang Schlossplatz), Tel. 484 47 12, www.kathedrale-dresden.de, Straßenbahnen 4, 8, 11 Theaterplatz*

Kreuzkirche **[115 D4]**

Die älteste Dresdner Kirche, deren Ursprünge im 13. Jh. liegen, hat eine bewegte Geschichte. Nach dem Einsturz des Renaissanceturms erfolgten ab 1764 der Wiederaufbau in ihrer heutigen Form und nach dem Brand 1897 eine Umgestaltung im Inneren. Das im Zweiten Weltkrieg erneut schwer beschädigte Gotteshaus wurde 1955 wieder geweiht, die eigentlich provisorische Gestaltung des Innenraums in ihrer Schlichtheit von den Dresdnern als angemessene dauerhafte Lösung angenommen. In der Schütz-Kapelle befindet sich das Nagelkreuz, ein Versöhnungsgeschenk der Kathedrale von Coventry. Seit Jahrhunderten in der Kreuzkirche zu Hause ist der berühmte, aus 150 jungen Sängern bestehende Kreuzchor. Wenn sich das Ensemble nicht auf Tournee befindet, kann man es samstags zur Vesper *(im Sommer ab 18, im Winter ab 17 Uhr)*, bei Gottesdiensten sowie bei verschiedenen Aufführungen – etwa in der Oster- und der Weihnachtszeit – erleben. Im Turm führen 256 Stufen vorbei am zweitgrößten Geläut Deutschlands zur Aussichtsplattform in 54 m Höhe. *April–Okt. Mo–Sa 10–18, Nov. bis März 10–16 Uhr (während des Striezelmarktes bis Marktschluss), So ab 12 Uhr, letzter Turmaufstieg (1,50 Euro) 30 Min. vor Schließung, Altmarkt, Tel. 439 39 20, www.dresdner-kreuzkirche.de, Straßenbahnen 1, 2, 4, Altmarkt, 8, 9, 11, 12, Busse 75, 82 Prager Straße*

Loschwitzer Kirche **[119 E5]**
1705–08 wurde die barocke Dorfkirche unter Ratsmaurermeister Johann Christian Fehre und Ratszimmermeister George Bähr errichtet. Am 13. 2. 1945 brannte sie aus. Nach vergeblichen Anläufen zu DDR-Zeiten wurde sie in den 1990er-Jahren wiederhergestellt. Seit 2002 steht hier der *Nosseni-Altar* aus der im Krieg beschädigten und 1962 abgerissenen Dresdner Sophienkirche. *Tgl. 8–18 (im Winter bis Sonnenuntergang) Pillnitzer Landstr. 7 a, Tel. 215 00 50, www.loschwitzer-kirche.de, Busse 61, 83, Standseil/Schwebebahn Körnerplatz*

Neue Synagoge **[115 E3]**
Am 9. November 2001 wurde die neue Dresdner Synagoge geweiht. Im Boden des baumbestandenen Hofes zwischen Gotteshaus und Gemeindezentrum ist der Grundriss der in der Pogromnacht des 9. November 1938 von den Nationalsozialisten zerstörten Semper-Synagoge markiert. Einzig der Davidstern einer der beiden Türme blieb erhalten – von einem Dresdner Feuerwehrmann geborgen und versteckt. Der Stern hat seinen Platz über dem Eingang der Neuen Synagoge gefunden. Diese besteht aus einem in sich gen Osten gedrehten massiven Kubus, der Innenraum wird umschlossen von einem symbolischen Stiftszelt aus durchscheinendem Metallgeflecht. *Café Schoschana (So–Do 12–18 Uhr)* im Gemeindezentrum. *Öffentliche Führungen außer Fr und Sa 4 Euro, mit Musik 5 Euro (Termine im Gemeindezentrum), Infos zu Gruppenführungen über HATiKVA, Tel. 802 04 89, Straßenbahnen 3, 6, 7 Synagoge*

Permoser-Kanzel in der Hofkirche

Russisch-Orthodoxe Kirche **[120–121 C–D2]**
Das Gotteshaus mit seinen fünf blauen Zwiebelkuppeln und dem

40 m hohen Glockenturm wurde 1872–74 für die russisch-orthodoxe Gemeinde Dresden gebaut und dem Heiligen Simeon vom Wunderbaren Berge geweiht. *Mo 13–17, Di–So 10–17 Uhr, zweisprachiger Gottesdienst Mi und Sa 17, So 10 Uhr, Fritz-Löffler-Str. 19, Tel. 471 94 14, www.stsime on.de.vu, Straßenbahnen 3, 8, Busse 72, 76 Reichenbachstraße*

Schifferkirche Maria am Wasser **[125 D5]**
In ihrer 600-jährigen Geschichte diente die Kirche immer auch den Andachten der Elbschiffer und Treidler. Ihre heutige Gestalt mit barockem Dachreiter und Turmzwiebel erhielt sie 1774. *Dresden-Hosterwitz/Pillnitz, Kirchgasse 6, im Sommerhalbjahr meist 10–18 Uhr offen, im Winter kürzer, Tel. 261 83 30, www.maria-am-was ser.de, Bus 83 Van-Gogh-Straße*

PARKS & GRÜNFLÄCHEN

Bürgerwiese & Blüherpark **[117 D6]**
Im 19. Jh. zum Teil nach Plänen des Gartenarchitekten Peter Josef Lenné als städtischer Park angelegt, verbindet die *Bürgerwiese* das Stadtzentrum mit dem *Großen Garten*. Das *Mozartdenkmal* wurde 1907 aufgestellt. Nach Nordosten schließt sich der *Blüherpark* an, gleich nebenan liegen das *Georg-Arnhold-Bad* und das *Rudolf-Harbig-Stadion* (im Volksmund Dynamo-Stadion), in dem die Fußballer von Dynamo Dresden sowie das seit 2003 erstklassige American-Football-Team der Dresden Monarchs auflaufen. *Straßenbahnen 8, 9, 11, 12, Busse 75, 82 Prager Straße*

Dresdner Heide **[118–119 A–F 1–2]**
Im Nordosten, keine 20 Straßenbahnminuten vom Stadtzentrum entfernt, liegt Dresdens »Grüne Lunge«. Das 50 km² große Waldgebiet ist durchzogen von kleinen Wasserläufen und zahlreichen Wanderwegen. *Straßenbahn 11 Wilhelminenstraße bis Bühlau, Bus 61 Grundstraße, Bühlau*

Elbwiesen
Über 30 km und an manchen Stellen 400 m breit säumen die 1996 zum Landschaftsschutzgebiet erklärten Wiesen die Elbe. Keine andere europäische Großstadt kann heute noch derart unverbaute Flussufer aufweisen. Geliebt von Einheimischen und Gästen, sind sie ideal für Spaziergänge und Radtouren, Picknick und Drachensteigen, Relaxen und Sonnenbaden. 2004 nahm die Unesco das Dresdner Elbtal zwischen Söbrigen und Übigau in die Welterbe-Liste auf.

Großer Garten **[121 E–F 1, 122 A–B 1–2]**
★ In unmittelbarer Nähe zum Stadtzentrum liegt der mit knapp 2 km Länge und 1 km Breite größte Park der Stadt. Seine Geschichte begann 1676 als kurfürstlicher Jagdgarten. Der Dresdner Bevölkerung ist die barocke Anlage seit 1814 zugänglich – auf Befehl des russischen Generals Repnin-Wolkonski, nach dem Sieg über Napoleon Generalgouverneur für das besetzte Sachsen. Ab 1873 erfolgte eine Umgestaltung zum englischen Landschaftsgarten. Heute ist der Große Garten das beliebteste Naherholungsgebiet der Dresdner. Es gibt mehrere Bühnen: *Puppenthea-*

Nicht nur für Technikfreaks: Gläserne Manufaktur im Großen Garten

ter Sonnenhäusl, Parktheater und *Freilichtbühne »Junge Garde«*. Das 1678–83 gebaute und 1945 ausgebrannte *Palais im Großen Garten*, Sachsens erster Barockbau, ist trotz andauernder Restaurierung für Veranstaltungen geöffnet und beherbergt die Ausstellung »Permoser im Palais« *(April–Okt. Mi–Sa 14–18, So 11–18, Nov.–März Sa/So 11–18 Uhr)*. Den größten Biergarten des Parks kann die *Torwirtschaft (im Sommer tgl., im Winter Mo geschl., Tel. 459 52 02, €–€€)* aufweisen, die beste Lage bietet das Restaurant *Carolaschlösschen (tgl., Tel. 25 06 00 00, €–€€)*. Rudern Sie über den Carolasee oder drehen Sie eine (5,6 km lange) Runde mit der Parkeisenbahn *(5 Bahnhöfe, April bis Okt. tgl., variierende Fahrzeiten, Rundfahrt 3,10 Euro, Kombikarte mit Zoo, Tel. 445 67 95, www.liliputbahn.de)*.

Insider Tipp

Direkt neben der *Gläsernen Manufaktur* befindet sich der *Botanische Garten* der TU Dresden mit Schauhäusern und Freianlagen *(April–Sept. tgl. 8–18, Okt.–März 10 Uhr bis Einbruch der Dunkelheit, Eintritt frei, Gewächshäuser ganzjährig ab 10 Uhr, Tel. 459 31 85, www.tu-dresden.de/bot-garten)*.

Publikumsliebling im 1861 gegründeten und vor allem für seine Orang-Utan-Zucht bekannten *Zoo* ist der im Februar 2006 geborene Elefantenjunge Thabo-Umasai. *(Sommerzeit tgl. 8.30–18.30, Winterzeit 8.30–16.30 Uhr, Eintritt: 7 Euro, Tel. 47 80 60, www.zoo-dresden.de)*.

Insider Tipp

Großer Garten: Straßenbahnen 1, 2, 4, 10, 12, 13 Straßburger Platz, 9, 10, 11, 13, Bus 75 Lennéplatz, Straßenbahnen 9, 13, Bus 75 Zoo

Rosengarten **[117 E3–4]**

Die denkmalgeschützte Gartenanlage entstand 1935/36 am »Königsufer«. Zu bewundern sind über 80 Rosensorten, unterschiedlichste Gehölze und Skulpturen. Das *Kaffee Rosengarten (tgl. 11–24 Uhr, Tel. 802 07 74, €)* am Ostende bietet italienische Küche und leckeres Eis.
Carusufer, Straßenbahn 6, 13 Rosa-Luxemburg-Platz

STADTVIERTEL

Altstadt **[114–115 C–E 3–5]**
Seinen Namen bekam das linkselbische »Neuendresden«, nachdem das rechtselbische »Altendresden« 1685 abgebrannt war und als »Neue Stadt bey Dresden« wieder aufgebaut wurde. Alles klar? Wer heute Altstadt sagt, meint das Areal zwischen Semperoper und Neuer Synagoge, Elbe und Altmarkt. Verwaltungstechnisch gehören auch die angrenzenden Wohngebiete dazu. Die Stadtbefestigung, welche die nur rund einen Quadratkilometer große historische Altstadt einst umgab, wurde bis 1830 abgebrochen. Einziger wesentlicher erhaltener Teil ist die Brühlsche Terrasse.

Äußere Neustadt **[117 D–F 1–3]**
An einem Sommerwochenende des Jahres 1990 wurde hier die »Bunte Republik Neustadt« ausgerufen – mit Demarkationslinien und eigener Währung. Damals ein fröhlich-trotziges Ausrufezeichen gegen die Vereinnahmung des Viertels durch Immobilienhaie, ist die »BRN« heute vor allem ein alljährliches Stadtteilspektakel mit Musik, improvisierten Freiluftkneipen und Zehntausenden Mitwirkenden.

Das Gründerzeitquartier oberhalb der Bautzner Straße hat sich zur Boomtown entwickelt, mit Kneipen, Cafés und Bars, Läden und Galerien, Hostels und Clubs. Alaun- und Louisenstraße, »Görlitzer«, »Rothenburger« und »Böhmische« sind die Schlagadern des Viertels, der schon zu DDR-Zeiten legendäre Jugendklub *Scheune* ist das Herz. Doch nicht nur abends, auch tagsüber lohnt »die Neustadt« einen Besuch. Schon, weil dann die Geschäfte geöffnet sind. Die im *Kunsthof* etwa, einer Hinterhofoase mit originell-farbenfroher Architektur. Oder *Pfunds Molkerei* in der Bautzner Straße, »der schönste Milchladen der Welt« – die touristische Attraktion der Neustadt mit dem höchsten Busaufkommen. Ganz in der Nähe, am Martin-Luther-Platz mit der Martin-Luther-Kirche, befindet sich der *Alte Jüdische Friedhof*. Im Haus Königsbrücker Str. 66 wurde 1899 Erich Kästner geboren.

Insider-Tipp

Friedrichstadt **[116 A–B 2–4]**
Benannt nach Friedrich August I. und 1835 nach Dresden eingemeindet. Der Charakter des Viertels ging durch die Kriegszerstörungen verloren, die Friedrichstraße ist jedoch kulturhistorisch immer noch interessant. Der ab 1736 erbaute Landsitz des Grafen Brühl – später *Palais Marcolini* – beherbergt heute ein Krankenhaus. Im Garten der Klinik befindet sich der *Neptunbrunnen*, geschaffen 1744 von Lorenzo Mattielli nach Entwürfen Longuelunes. Nebenan die *Matthäuskirche* von Pöppelmann; der Baumeister selbst wurde in ihrer Gruft beigesetzt. Auf dem *Matthäusfriedhof* und dem *Alten Katholischen Friedhof* gegenüber liegen die Gräber zahlreicher weiterer Berühmtheiten. Nördlich der Friedrichstraße hat auf dem Gelände des Schlachthofs im Ostragehege die Messe Dresden *(www.messe-dresden.de)* ihr Domizil.

Hellerau **[126 C3]**
Insider-Tipp

Ab 1908 entstand hier die erste Gartenstadt Deutschlands. Die Initiative ging von Karl Schmidt, dem Gründer der Deutschen Werkstätten Hellerau, aus. Als Architekten wirkten die Werkbundmitglieder Richard Riemerschmid, Hermann Muthesius und Heinrich Tessenow. Für die 1910 gegründete »Bildungsanstalt für Musik und Rhythmik« des Schweizer Tanz- und Musikpädagogen Émile Jaques-Dalcroze errichtete Tessenow das Festspielhaus Hellerau. In den künstlerisch fruchtbaren Jahren vor dem Ersten Weltkrieg traf sich hier – nicht nur zu den Schulfesten – die europäische Avantgarde: Kafka, Kokoschka, Shaw, Strawinsky. Später wurde das Gebäude u. a. als Kaserne genutzt. Die gesamte Gartenstadt steht unter Denkmalschutz, im Festspielhaus entsteht ein *Europäisches Zentrum der Künste Hellerau. Straßenbahn 8 Festspielhaus Hellerau*

Innere Neustadt [116–117 C–E 3–4]
Nach einem Stadtbrand im damals »Altendresden« genannten rechtselbischen Stadtteil wurde bis Mitte des 18. Jhs. die »Neue Königstadt« – die »Neue Stadt bey Dresden« – erbaut. Heute findet man in der Königstraße und den angrenzenden Gassen, was an barocken Bürgerbauten in Dresden übrig ist. Aufwändig restauriert, beherbergen sie Restaurants und Ladenpassagen, noble Boutiquen und Galerien. Die Hauptstraße mit ihrer wundervollen Platanenallee ist seit Ende der 1970er-Jahre ein Fußgängerboulevard. In den historischen Häusern zwischen Obergraben und Dreikönigskirche befinden sich die *Kunsthandwerkerpassagen*, in Nr. 13 das *Kügelgenhaus (Museum der Dresdner Romantik)* und dahinter das *Societaetstheater*. Die 1899 gebaute *Neustädter Markthalle* (Zugang Metzer- und Ritterstraße) hat seit der Wiedereröffnung 2000 die meisten ihrer Spezialitätengeschäfte schon wieder verloren.

Wachwitz [119 E–F6, 124 A–B1]
Schöner alter Dorfkern mit Fachwerkhäusern an der Straße nach

Freie Fahrt ins Museum

Sparen mit der Dresden City- und Regio-Card

Mit der *City-Card (19 Euro)* haben Sie 48 Stunden lang freie Fahrt mit allen öffentlichen Verkehrsmitteln im Tarifgebiet Dresden und dazu freien Eintritt in alle 12 Museen der Staatlichen Kunstsammlungen Dresden (hier zusätzlich freier Eintritt für zwei Kinder bis 15 Jahre); Ermäßigungen bekommen Sie bei anderen Museen, Stadtrund- und Dampferfahrten. Die *Regio-Card (29 Euro)* gilt 72 Stunden und offeriert zusätzlich freie Fahrt mit den Linienverkehrsmitteln im Dresdner Umland sowie Ermäßigungen bei touristischen Attraktionen. Sie bekommen die Cards bei der *Tourist-Information Dresden (Schinkelwache am Theaterplatz und Pavillon Prager Straße)* sowie den Servicezentren der *Dresdner Verkehrsbetriebe*. Bestellung bei der *Tourist-Information Dresden, Tel. 49 19 21 00, www.dresden-tourist.de.*

Richtig fit!

Mit dem Fahrrad auf dem Elberadweg und durch Dresdens grüne Umgebung

Der Elberadweg *(www.elberadweg.de)* gehört zu den beliebtesten Fernradwegen Deutschlands. Wie wäre es also mit einer Radtour, ungestört vom Verkehr und vorbei an den schönsten Sehenswürdigkeiten der Stadt? Viele Hotels, einige Fahrradläden *(z.B. antrieb-der fahrradladen, Altstadt, Tel. 858 20 59, Radsport Päperer, Körnerplatz, Tel. 264 12 40, Radsport Tietz, Pillnitz, Tel. 261 09 09)* und der Kundenservice der Deutschen Bahn *(Hauptbahnhof: Tel. 461 32 62, Neustädter Bahnhof: Tel. 461 56 06)* verleihen Fahrräder. Der ADFC Dresden lädt von April bis September zum montäglichen Abendradeln ein *(18 Uhr bis zum Einbruch der Dunkelheit, ab Umweltzentrum Schützengasse 16, Tel. 494 33 21, www.adfc-dresden.de)*.

Pillnitz; oben auf der Wachwitzer Höhe ragt der Fernsehturm in den Himmel. Insider Tipp Der *Rhododendrongarten* im Wachwitzer Höhenpark ist während der Blütezeit im Mai/Juni ein kleines Paradies. *Bus 83 Josef Hermann-Straße und Altwachwitz*

Weißer Hirsch **[119 E–F3]**

Der »Hirsch« ist Dresdens charmantes Nobelviertel. In den Villen oberhalb des »Blauen Wunders« wohnten und wohnen Künstler und Politiker, Wissenschaftler und Geschäftsleute. Der Name hat seinen Ursprung in einem nicht mehr existierenden Gasthaus, die vornehme Attitüde in der Zeit, als die Gegend Kurort der Schönen und Reichen war. Das Lahmann-Sanatorium war bis zur Wende russische Enklave und rottet vor sich hin, das einst mondäne Parkhotel wird inzwischen regelmäßig als Partylocation genutzt, im Keller befindet sich die wiedereröffnete *Kakadu-Bar*, in den frühen DDR-Jahren berühmt-berüchtigter Treff für unangepasste Nachtschwärmer. Eine phänomenale Aussicht und tolle Kuchen genießen Sie im *Luisenhof*.

STRASSEN & PLÄTZE

Albertplatz **[117 D3]**

Den zentralen Platz der Neustadt zieren zwei stattliche Brunnen von Robert Dietz: »Stille Wasser« (Ostseite) und »Stürmische Wogen« (Westseite). Das sowjetische Ehrenmal, das die »Stürmischen Wogen« 40 Jahre ersetzte, wurde nach der Wende ans Militärhistorische Museum versetzt. Der *Artesische Brunnen* mit einem Rundtempel von Hans Erlwein steht an der Nordseite des Platzes. An den sternförmig abgehenden Straßen sind die neobarocke *Villa Eschebach* (heute Volksbank), das 1914 eingeweihte *Schiller-Denkmal* von Selmar Werner und das 1929 errichtete erste *Dresdner Hochhaus* bemerkenswert, das sich leider in bedauernswertem Zustand befindet. In der *Villa Augustin* ist das *Erich Kästner Museum* zu Hause. *Straßenbahnen 6–8, 11 Albertplatz*

Altmarkt [115 D4]
Der älteste Platz Dresdens fand 1370 erstmals Erwähnung. Hier wurden höfische Feste und 1434 der erste Striezelmarkt abgehalten; hier logierten Berühmtheiten wie Heinrich von Kleist oder Carl Maria von Weber. Das Kaufhaus Renner präsentierte die erste Rolltreppe Dresdens, und die Konditorei Kreutzkamm verkaufte ihre berühmten Baumkuchen. In der Bombennacht des 13. Februar 1945 fielen sämtliche Gebäude des Platzes in Schutt und Asche, zur Vermeidung von Seuchen wurden zahlreiche Opfer des Angriffs hier verbrannt. Der Wiederaufbau des nun vergrößerten Altmarkts begann 1953, der *Kulturpalast* an der Nordseite wurde 1969 eingeweiht. Wenn die 1997 begonnene Bebauung der Südseite beendet sein wird, steht die *Kreuzkirche* wieder – wie bis zum Krieg – in einer Seitenstraße. *Straßenbahnen 1, 2, 4 Altmarkt*

Brühlsche Terrasse [115 D–E3]
★ Der Balkon Europas, 10 m über der Elbe, 500 m lang und bis zu 200 m breit. Kurfürst Friedrich August II. schenkte das Areal mit der elbseitigen Festungsanlage seinem Günstling Graf Heinrich von Brühl, der hier einen Lustgarten anlegen ließ. Die Brühlschen Palais wichen im Laufe der Zeit anderen Bauten: dem *Ständehaus* (1901–07) von Paul Wallot, der für den zweitgeborenen Prinzen errichteten *Sekundogenitur* (1897, heute Restaurant, Bar und Café des Hotels *Hilton*), dem *Albertinum* (1884–87, heute *Galerie Neue Meister und Skulpturensammlung*, zzt. im Umbau) sowie dem *Lipsius-Bau* (1887 bis 1894) mit Kunstakademie (heute Hochschule für Bildende Künste) und Ausstellungsgebäude. Die von

Semper-Denkmal vor der Kunstakademie an der Brühlschen Terrasse

der Fama, der Göttin des Ruhms, gekrönte Kuppel der Kunstakademie trägt ihrer gerippten Form wegen den Kosenamen »Zitronenpresse«. In den Gewölben der *Jungfernbastei* an der Nordostecke der Brühlschen Terrasse gelang dem Gelehrten Ehrenfried Walter von Tschirnhaus und dem Alchimisten Johann Friedrich Böttger 1708/09 die Herstellung des ersten europäischen Hartporzellans. Unterhalb der hier aufgestellten Böttger-Stele befindet sich eine Kopie des ältesten Denkmals der Stadt, des *Moritzmonuments.* Johannes Schilling schuf das *Rietscheldenkmal* vor der Sekundogenitur sowie das *Semperdenkmal* zwischen Kunstakademie und Albertinum. In der Insider Tipp *Festung Dresden (April–Okt. tgl. 10–17, Nov.–März bis 16 Uhr, Eingang vom Georg-Treu-Platz, Tel. 491 47 86)* sind Reste der ehemaligen Wehranlage der Stadt zu besichtigen. Der Öffentlichkeit zugänglich gemacht und mit einer Freitreppe zum Schlossplatz versehen wurde die Brühlsche Terrasse 1814 auf Befehl des russischen Gouverneurs, Fürst Repnin-Wolkonskis. *Straßenbahnen 4, 8, 11 Theaterplatz, 3, 6, 7 Synagoge*

Körnerplatz **[119 D–E4]**
Die ländliche Bebauung am alten Loschwitzer Dorfplatz wurde in der Gründerzeit durch mehrstöckige Stadthäuser ersetzt. Kulturhistorisch interessant sind heute eher die abgehenden Straßen. Im Körnerweg Nr. 6 lebten die Eltern des Dichters Theodor Körner, in der Friedrich-Wieck-Straße Nr. 10 der Vater von Clara und Schwiegervater von Robert Schumann, im Schillerhäuschen in der heutigen Schillerstraße schrieb Friedrich Schiller am »Don Carlos«. Der Fabrikbesitzer Eduard Leonhardi ließ Ende des 19. Jhs. in der Grundstraße eine alte Mühle zu einem Atelierhaus umbauen und von dem Richter-Schüler Charles Palmié bemalen. Neben Bildern des Spätromantikers zeigt die städtische Galerie *Leonhardi-Museum* junge Dresdner und sächsische Kunst *(Di–Fr 14–18, Sa/So 10 bis 18 Uhr, Grundstr. 26).* Das Insider Tipp *Kultur-Haus Loschwitz (Friedrich-Wieck-Str. 6, Tel. 266 66 55)* bietet Lesungen, Vorträge, Konzerte und Filme. Mit der Standseilbahn gelangt man vom Körnerplatz zum *Luisenhof,* mit der Schwebebahn zur *Loschwitzhöhe. Busse 61, 83, Standseil/Schwebebahn Körnerplatz*

Neumarkt **[115 D–E 3–4]**
Bis zum Wiederaufbau der Frauenkirche war der Neumarkt eine Einöde in erstklassiger Lage. Inzwischen entsteht hier ein lebendiger urbaner Raum mit Wohnungen, Büros, Hotels, Geschäften und Restaurants. Über das Geschehen wachen Luther (Denkmal von Adolf Donndorf, Kopf von Ernst Rietschel) und König Friedrich August II. (Denkmal von Ernst Julius Hähnel und Ernst Rietschel). *Straßenbahnen 1, 2, 4 Altmarkt*

Neustädter Markt **[115 D–E 1–2]**
Der Platz am rechtselbischen Brückenkopf der Augustusbrücke wurde im Zweiten Weltkrieg fast vollständig zerstört. Übrig blieben das *Blockhaus,* der *Goldene Reiter* und die *Nymphenbrunnen* des ehemaligen Neustädter Rathauses. Das Ende der 1970er-Jahre errichtete Platzensemble aus Plattenbauten, Brunnen und Grünanlagen wird derzeit saniert; über die Gestaltung

der Wohnhäuser in Bunkergrau lässt sich streiten ... *Straßenbahnen 3, 4, 8, 11 Neustädter Markt*

Prager Straße **[114–115 C–D 5–6]**
Die 1851 angelegte Verbindung zwischen Waisenhausstraße und Wiener Platz war die berühmteste Straße der Stadt, mit Cafés und Kaufhäusern, Hotels und Kinos. Am 13. 2. 1945 wurde sie zerstört. Das 1965–78 entstandene Ensemble aus Wohnblöcken, Hotels und Geschäften, einem Kaufhaus und einem Kino ist ein komplexes Beispiel sozialistischen Städtebaus. Seit 1990 entstanden am Nord- und Südende neue Einkaufszentren, Ladenketten siedelten sich an, und die Freiflächen wurden erneuert. Das Rundkino beherbergt inzwischen nur noch das Puppentheater, dahinter steht seit 1998 ein Multiplexkino, der *Kristallpalast:* architektonisch umstritten, aber preisgekrönt. Auch wenn sie den Charme der alten Prachtstraße vermissen lässt, bleibt »die Prager« eine beliebte Shopping- und Flaniermeile. *Straßenbahnen 8, 9, 11, 12, Busse 75, 82 Prager Straße, S-Bahn, Straßenbahnen 3, 6–8, 10, Busse 72, 76 Hauptbahnhof*

Theaterplatz **[115 D3]**
Ohne Frage einer der schönsten Plätze Europas! Der 360-Grad-Blick streift Sempers Oper und die Gemäldegalerie, die Schinkelwache und das Residenzschloss samt Hausmannsturm, die Hofkirche und das Italienische Dörfchen, das dort steht, wo die italienischen Erbauer der Hofkirche einst lebten. Das *Reiterstandbild König Johanns* in der Mitte des Platzes stammt von Johannes Schilling; dessen Lehrer Ernst Rietschel schuf das *Bronzedenkmal Carl Maria von Webers* zwischen Semperoper und der Galerie Alte Meister. *Straßenbahnen 4, 8, 11 Theaterplatz*

Die Häuser in der Neustädter Hauptstraße erstrahlen in frischem Glanz

Dixi
Fahrzeugfabrik
Eisenach
Eisenach

Dresdens Museen – eine Klasse für sich

Sixtinische Madonna, Gläserner Mensch und Meissener Porzellan, Dampflokomotiven oder Erich Kästner: Hier ist für jeden etwas dabei

Zu den Höhepunkten eines Dresden-Aufenthalts zählt zweifelsohne ein Besuch der Gemäldegalerie Alte Meister. Wie auch des Grünen Gewölbes. Oder der Porzellansammlung. Und des Deutschen Hygiene-Museums ... Die Liste ließe sich fortsetzen: Die Dichte an erstklassigen Museen ist hier so groß wie in keiner vergleichbaren deutschen Stadt. Den Reichtum an wertvollen Sammlungen verdankt die Stadt zuallererst dem Kunstsinn (und der Prunksucht) der einstigen sächsischen Herrscher. Viele Museen haben ihren Ursprung in der um 1560 von Kurfürst August gegründeten Dresdner Kunstkammer. Später sorgten vor allem August der Starke und sein Sohn, Friedrich August II., für eine Erweiterung der Bestände.

Die *Staatlichen Kunstsammlungen Dresden* mit ihren einzigartigen Schätzen gehören zu den bedeutendsten Museen der Welt und brauchen – bei aller Bescheidenheit – den Vergleich mit Institutionen wie dem Pariser Louvre oder dem British Museum in London nicht zu scheuen. Doch auch in den anderen Museen, zusammen rund 40 an der Zahl, gibt es viel zu entdecken – von der Maya-Handschrift bis zum »Gläsernen Menschen«.

Wer sich für historische Flugzeuge, Autos und Lokomotiven interessiert, geht ins Verkehrsmuseum

Hygiene-Museum am Lingnerplatz

In der Bombennacht des 13. Februar 1945 wurden die meisten Museumsgebäude zerstört oder schwer beschädigt. Ihre Schätze erlebten eine beispiellose Odyssee. Sie begann mit der Auslagerung in Bergwerksstollen oder sächsische Landschlösser zum Schutz vor Kriegseinwirkungen, setzte sich fort mit der Beschlagnahme und dem Abtransport durch die Rote Armee und fand in den meisten Fällen ihr glückliches Ende in der Rückgabe an die DDR ab Mitte der 1950er-Jahre.

Seit der Wende wurden viele Museen saniert, manche Sammlung bezog rekonstruierte oder neu

Das Albertinum wird derzeit grundlegend saniert

gebaute Räume. Zu den *Museen der Stadt Dresden (www.museen-dresden.de, 2-Tageskarte für alle Einrichtungen 10 Euro)* gehören neben dem *Stadtmuseum* die *Städtische Galerie Dresden,* die *Technischen Sammlungen der Stadt Dresden,* das *Carl-Maria-von-Weber-Museum,* das *Kügelgenhaus – Museum der Dresdner Romantik,* das *Kraszewski-Museum,* das *Schillerhäuschen* und das *Heimat- und Palitzschmuseum Prohlis.* 2005 wiedereröffnet wurden die Ausstellungsräume im *Lipsius-Bau* auf der Brühlschen Terrasse. Jüngstes Museumshighlight ist das *Historische Grüne Gewölbe,* das seit 2006 im Residenzschloss zu bewundern ist.

Großen Andrang gibt es bei der alljährlichen Museumssommernacht im Juli *(www.dresden.de/msn),* mit bis nach Mitternacht geöffneten Ausstellungen, vielen Veranstaltungen und Shuttleverkehr mit historischen Bussen und Straßenbahnen.

STAATLICHE KUNSTSAMMLUNGEN DRESDEN

Neun der 12 Sammlungen haben ihr angestammtes Domizil in der historischen Altstadt: im *Zwinger (Mo geschl.),* im *Residenzschloss (Di geschl.)* und im *Albertinum.* Letzteres wird bis voraussichtlich 2009 saniert und erhält ein hochwassersicheres Depot – Teile der *Skulpturensammlung* und Bestände der *Galerie Neue Meister* werden in Interimsquartieren gezeigt. Die Eintrittspreise liegen bei 2,50–6 Euro und bei 10 Euro für das *Historische Grüne Gewölbe.* Die Tageskarte für alle Museen der Staatlichen Kunstsammlungen kostet 10 Euro, die Familien- und Jahreskarte 20 Euro. Freier Eintritt mit *Dresden City/Regio Card* (alle Kombikarten gelten nicht für Sonderausstellungen sowie das Historische Grüne Gewölbe). Rundgänge und Führungen in verschiedenen Sprachen.

Besucherzentrum Ecke Schlossstraße/Taschenberg, Mo–Fr 11–18, Sa/So 10–18 Uhr, Infos unter Tel. 49 14 20 00, www.skd-dresden.de

Galerie Neue Meister
Das Museum präsentiert Kunst vom frühen 19. Jh. über die Klassische Moderne bis zur Gegenwart. Zu den Schwerpunkten gehören die deutsche Romantik, der deutsche Impressionismus und die Neue Sachlichkeit. Maler der Dresdner Expressionistengruppe »Die Brücke« sind ebenso vertreten wie Künstler der DDR-Zeit und der Gegenwart. Ausgewählte Werke der Sammlung sind während der Schließzeit des Albertinums in wechselnden Ausstellungen in der *Gläsernen Manufaktur* **[117 E6]** und in der *Gemäldegalerie Alte Meister (Semperbau)* **[114 C3]** zu sehen. *Di–So 10–18 Uhr, Straßenbahnen 1, 2, 4, 8, 9, 11, 12, Busse 75, 94 Postplatz, Straßenbahnen 4, 8, 11 Theaterplatz*

Gemäldegalerie Alte Meister **[114–115 C–D3]**
★ Für viele Dresden-Besucher der Höhepunkt. Die Alten Meister sind eine der beeindruckendsten Sammlungen der europäischen Malerei des 15.–18. Jhs. Hier hängen die berühmten Dresden-Ansichten von Bernardo Bellotto, genannt Canaletto, Gemälde altdeutscher und altniederländischer Meister, herausragende Werke italienischer Renaissancekünstler sowie flämischer und holländischer, spanischer und französischer Maler des 17. Jhs. Die versammelte Prominenz ist atemberaubend: Man trifft »Rembrandt und Saskia«, Vermeers »Brieflesendes Mädchen« und Giorgiones »Schlummernde Venus«, Liotards

MARCO POLO Highlights »Museen«

★ **Gemäldegalerie Alte Meister**
Die Sixtinische Madonna und ihre Engel (Seite 43)

★ **Mathematisch-Physikalischer Salon**
Reise durch Raum und Zeit (Seite 45)

★ **Technische Sammlungen**
Technik, die begeistert (Seite 49)

★ **Porzellansammlung**
Feines aus Meißen und dem Rest der Welt (Seite 46)

★ **Museum für Sächsische Volkskunst mit Puppentheatersammlung**
Von Blaudruck bis Schwibbogen (Seite 46)

★ **Grünes Gewölbe**
Augusts Pretiosen (Seite 44)

★ **Deutsches Hygiene-Museum**
Im Mittelpunkt: der – gläserne – Mensch (Seite 47)

★ **Verkehrsmuseum**
Alles was rollt, fliegt und schwimmt (Seite 49)

»Schokoladenmädchen« und last but not least Raffaels »Sixtinische Madonna« mit den berühmten Engelchen zu ihren Füßen.

Der überwiegende Teil der Sammlung wurde von August dem Starken und dessen Sohn Friedrich August II. in nur rund 50 Jahren zusammengetragen. Mitte des 19. Jhs. erhielten die Kunstwerke den ihnen gebührenden Rahmen mit dem das Zwingerensemble abschließenden Galeriebau von Gottfried Semper. Versuchen Sie nicht, bei einem Besuch alles zu sehen, und nehmen Sie sich Zeit für Entdeckungen. Wie Insider Tipp etwa für den »Flügelaltar« von Jan van Eyck. Während des Umbaus des Albertinums ist der Semperbau auch Interimsquartier für die *Galerie Neue Meister. Di–So 10–18 Uhr, Eintritt 6 Euro, Zwinger, Semperbau, Straßenbahnen 1, 2, 4, 8, 9, 11, 12, Busse 75, 94 Postplatz, Straßenbahnen 4, 8, 11 Theaterplatz*

Grünes Gewölbe **[115 D3]**

★ Der Name ist abgeleitet von den grün gestrichenen Wänden der »Geheimen Verwahrung« der herrschaftlichen Schätze aus Edelsteinen, Gold und Elfenbein im Residenzschloss. Nach dessen Zerstörung im Zweiten Weltkrieg fand das Schatzkammermuseum – die erste öffentlich zugängliche Einrichtung seiner Art in Europa – für Jahrzehnte Exil im Albertinum. Im September 2004 zog der erste Teil der Ausstellung in modern gestaltete Räume im Westflügel des Residenzschlosses. Das *Neue Grüne Gewölbe* präsentiert Highlights wie den legendären Kirschkern mit den »185 Angesichtern«, das »Goldene Kaffeezeug« Augusts des Starken und den »Hofstaat des Großmoguls Aureng-Zeb«, das von Hofgoldschmied Johann Melchior Dinglinger aus Gold und Edelsteinen geschaffene Figurenensemble. Das *Historische Grüne Gewölbe* komplettiert seit September 2006 die einzigartige Schatzsammlung mit 3000 Exponaten. In den rekonstruierten ursprünglichen Museumsräumen im Erdgeschoss des Schlosses sind diese vor prächtigen verspiegelten Schauwänden oder auf Prunktischen frei ausgestellt. Höhepunkt der Ausstellung ist das Juwelenzimmer mit den Pretiosen Augusts des Starken und seines Sohnes Friedrich August II. *Neues Grünes Gewölbe: Mi–Mo 10–18 Uhr, Eintritt 6 Euro, Historisches Grünes Gewölbe: Mi–Mo 10–19 Uhr, Eintritt inkl. Audioguide 10 Euro, ggf. zzgl. Vorverkaufsgebühr, Einlass nur mit Zeittickets, Kombikarten haben keine Gültigkeit, Residenzschloss, Eingang Sophienstraße, Straßenbahnen 1, 2, 4, 8, 9, 11, 12, Busse 75, 94 Postplatz, Straßenbahnen 4, 8, 11 Theaterplatz*

Kunstgewerbemuseum **[125 E6]**

Kunsthandwerk aus fünf Jahrhunderten im Schloss Pillnitz. Vom Thron Augusts des Starken und anderen Kostbarkeiten aus den Hofwerkstätten der sächsischen Herrscher bis hin zu Werken zeitgenössischer Designer aus aller Welt. *Mai–Okt. Di–So 10–18 (Bergpalais), Mi–Mo 10–18 Uhr (Wasserpalais), Eintritt 3 Euro, Schloss Pillnitz, Bus 83 Pillnitzer Platz*

Kupferstich-Kabinett **[115 D3]**

Mit seiner Sammlung von über 500 000 druckgrafischen Werken, Zeichnungen und Fotografien gehört das Museum weltweit zu den

Sixtinische Madonna & Co: Gemäldegalerie Alte Meister

bedeutendsten seiner Art. Neben Sonderausstellungen gibt es einen Insider Tipp Studiensaal, der allen Kunstinteressierten für ganz persönliche Begegnungen mit wertvollen Originalen offen steht. Eine Außenstelle, das *Josef-Hegenbarth-Archiv (Calberlastr. 2* **[119 E5]**, *Do 10–12, 14–16 Uhr, Di nach Voranmeldung: Tel. 491 42 11)*, befindet sich im ehemaligen Wohnhaus des Künstlers in Dresden-Loschwitz. *Sonderausstellungen: Mi–Mo 10–18 Uhr, Eintritt: 6 Euro, Studiensaal: Mo, Mi 10–13 und 14–16, Do 10–13 und 14–18, Fr 10–13, jeder erste Sa im Monat 10–13 Uhr, Anmeldung: Tel. 491 42 11, Eintritt frei, Residenzschloss, Eingang Sophienstraße, Straßenbahnen 1, 2, 4, 8, 9, 11, 12, Busse 75, 94 Postplatz, Straßenbahnen 4, 8, 11 Theaterplatz*

Insider Tipp **Lipsius-Bau** **[115 E3]**

Das Ausstellungsgebäude an der Brühlschen Terrasse, benannt nach seinem Schöpfer Constantin Lipsius, wurde nach langem Leerstand saniert und 2005 wieder seiner Bestimmung zugeführt. In den schönen Räumen werden, betreut von den Staatlichen Kunstsammlungen Dresden, wechselnde Ausstellungen gezeigt. *10–18 Uhr, wechselnde Schließtage und Eintrittspreise, Straßenbahnen 3, 6, 7 Synagoge*

Mathematisch-Physikalischer Salon **[114 C3]**

★ Die Sammlung wertvoller Uhren und wissenschaftlicher Instrumente, überwiegend aus dem 16. bis 19. Jh., belegt Wissensdrang, Kreativität und Kunstfertigkeit unserer Vorfahren. Beeindruckend: ein arabischer Himmelsglobus aus dem 13. Jh., eine Planetenlaufuhr aus den 1560er Jahren und die um 1650 entstandene Rechenmaschine von Blaise Pascal. *Di–So 10–18 Uhr, Eintritt 3 Euro, Zwinger, Straßenbahnen 1, 2, 4, 8, 9, 11, 12, Busse 75, 94 Postplatz, Straßenbahnen 4, 8, 11 Theaterplatz*

Münzkabinett **[115 D3]**
Münzen und Medaillen, Banknoten, historische Wertpapiere und münztechnische Geräte – rund 300 000 Objekte umfasst die Sammlung. Sonderausstellung im *Hausmannsturm (April–Okt. Mi–Mo 10–18 Uhr)*, in der *Bibliothek* und im *Studiensaal* im Georgenbau. *Mi 10 bis 17.30 Uhr, Anmeldung empfohlen, Tel. 491 42 31, Residenzschloss, Straßenbahnen 1, 2, 4, 8, 9, 11, 12, Busse 75, 94 Postplatz, Straßenbahnen 4, 8, 11 Theaterplatz*

Museum für Sächsische Volkskunst mit Puppentheatersammlung **[115 E2]**
★ Oskar Seyffert, dem Vorsitzenden des 1897 gegründeten »Vereins für sächsische Volkskunde«, ist die 1913 erfolgte Einrichtung des Museums im Jägerhof zu verdanken. Bewundern kann man Töpfer- und Korbmacherwaren, Blaudrucke und Keramik, sächsische und sorbische Trachten, Spitzen- und Klöppelarbeiten und natürlich Spielzeug, Weihnachtsschmuck und bergmännische Volkskunst aus dem Erzgebirge. Beliebt: die Oster- und Weihnachtsausstellungen. Insider Tipp Seit 2005 auch wechselnde Präsentationen der 50 000 Exponate umfassenden *Puppentheatersammlung:* Insider Tipp Marionetten, Handpuppen, Theaterfiguren und -kulissen aus Deutschland und dem Ausland. *Di–So 10–18 Uhr, Eintritt 3 Euro, Jägerhof, Köpckestr. 1, Straßenbahnen 3, 6–8, 11 Carolaplatz*

Porzellansammlung **[114 C3]**
★ Der Leidenschaft Augusts des Starken für feines Geschirr, der »maladie des porcellaines«, verdankt Dresden die umfangreichste keramische Spezialsammlung der Welt. Im Mittelpunkt der Ausstellung stehen chinesische Porzellane verschiedener Epochen, japanische Imari- und Kakiemonporzellane sowie die Kostbarkeiten der Porzellan-Manufaktur Meissen. Die wurde 1710 von August dem Starken gegründet und gilt als Wiege des weißen europäischen Hartporzellans. Berühmt sind die »Dragonervasen«: 600 sächsische

In der Rüstkammer treten edle Ritter zum Turnier an

Dragoner hatte August einst beim preußischen Soldatenkönig gegen 151 Monumentalvasen und andere Gefäße eingetauscht. *Di–So 10–18 Uhr, Eintritt 5 Euro, Zwinger, Straßenbahnen 1, 2, 4, 8, 9, 11, 12, Busse 75, 94 Postplatz, Straßenbahnen 4, 8, 11 Theaterplatz*

Rüstkammer **[114–115 C–D3]**
Die stattliche Sammlung vereint Prunkwaffen und Harnische, Kostüme und Turnierbilder – neben kostbarsten, im Laufe der Jahrhunderte von sächsischen Meistern geschaffenen Stücken; auch Objekte aus ganz Europa und dem Orient. *Di bis So 10–18 Uhr, Eintritt 3 Euro, Zwinger, Semperbau (Ostflügel), Straßenbahnen 1, 2, 4, 8, 9, 11, 12, Busse 75, 94 Postplatz, Straßenbahnen 4, 8, 11 Theaterplatz*

Skulpturensammlung **[114 C3]**
Die Sammlung umfasst Werke aus fünf Jahrtausenden: griechische und römische Skulpturen, Vasen, Bronzen und Terrakotten, Meisterwerke aus Renaissance und Barock, Plastiken des 19. und 20. Jhs. Während des Umbaus des Albertinums wird eine wechselnde Auswahl an Kunstwerken im *Zwinger* präsentiert. *Di–So 10–18 Uhr, Eintritt 2,50 Euro, Zwinger (Pavillon und Bogengalerie am Nymphenbad), Straßenbahnen 1, 2, 4, 8, 9, 11, 12, Busse 75, 94 Postplatz, Straßenbahnen 4, 8, 11 Theaterplatz*

WEITERE MUSEEN

Buchmuseum **[121 D3]**
Eine von drei weltweit erhaltenen Maya-Handschriften befindet sich im Besitz der *Sächsischen Landesbibliothek – Staats- und Universitätsbibliothek Dresden (SLUB)*. In der Schatzkammer des Buchmuseums kann man sie besichtigen. Neben einem Skizzenbuch von Albrecht Dürer, Musikautografen von Bach, Vivaldi, Wagner und Schumann. Außerdem Sonderausstellungen. *Mo–Sa 10–17 Uhr, für den Besuch der Schatzkammer (Mo–Fr 10–17 Uhr) beim Info-Punkt im Foyer melden, Mi 16 und Sa 14 Uhr Führung, Eintritt frei, Zellescher Weg 18, www.slub-dresden.de, Busse 61 Staats- und Universitätsbibliothek, 72, 76 Fritz-Förster-Platz, 61 SLUB*

Insider Tipp

Carl-Maria-von-Weber-Museum **[125 E5]**
Der Komponist – ab 1817 Musikdiektor der Dresdner Oper – entdeckte das Winzerhaus in Hosterwitz 1818 bei einem Spaziergang. Fortan Sommerdomizil der Familie, entstanden hier wesentliche Teile des »Freischütz«, der »Euryanthe« und des »Oberon«. Das Museum ist Leben und Werk des Musikers gewidmet. Regelmäßig Konzerte und Vorträge. *Mi–So 13–18 Uhr, Eintritt 2 Euro, Fr ab 14 Uhr frei, Dresden-Hosterwitz, Dresdner Str. 44, Bus 83 Van-Gogh-Straße*

Deutsches Hygiene-Museum **[115 E–F 5–6]**
★ Seit der Neukonzeption 1991 versteht sich das Haus als »Universalmuseum vom Menschen«. Gegründet wurde es 1912 auf Initiative des Odol-Fabrikanten Karl August Lingner vor allem zum Zwecke der »Volksaufklärung«. 1930 fand das Museum sein Domizil in dem von Wilhelm Kreis in einer Mischung aus Monumental- und Bauhausstil entworfenen Gebäude. Bekanntestes Exponat ist seither der

»Gläserne Mensch«, ein Anschauungsmodell, das alle wesentlichen Bestandteile des Körpers in einem Körper aus transparentem Kunststoff sichtbar werden lässt. Die bis 20004/05 neu gestaltete Dauerausstellung widmet sich Themen wie »Leben und Sterben«, »Essen und Trinken« oder »Sexualität«. Es gibt spannende Sonderausstelllungen und ein interaktives *Kindermuseum*, das sich mit den fünf Sinnen beschäftigt. *Café-Restaurant Lingner (tgl., Tel. 484 66 00, €– €€). Di–So 10–18 Uhr, Eintritt 6 Euro, Lingnerplatz 1, www.dhmd.de, Straßenbahnen 10, 13 Großer Garten, 1, 2, 4, 12 Deutsches Hygiene-Museum*

Insider Tipp

Erich Kästner Museum **[117 D3]**
Erich Kästner wurde 1899 in der Königsbrücker Straße 66 (Tafel im Hausdurchgang) geboren. Das ihm gewidmete *interaktive micromuseum* ist unweit in der Villa seines Onkels Franz Augustin untergebracht. Eine »begehbare Schatztruhe« birgt Bücherregale, aufziehbare Schubladen und Vitrinen. Dazu Originalobjekte: Schreibmaschine, Hut, Anzug. Und draußen sitzt Erich als kleiner Junge in Bronze auf der Mauer. *So–Di 10–18, Mi 10–20 Uhr, Do nur Gruppen/Klassen, Eintritt 3 Euro, Antonstr. 1 (Villa Augustin), www.erich-kaestner-museum.de, Straßenbahnen 6–8, 11 Albertplatz*

Kraszewski-Museum **[117 E–F2]**
Józef Ignacy Kraszewski (1812–87), einer der bedeutendsten polnischen Intellektuellen seiner Zeit, schrieb im sächsischen Exil die Romane »Gräfin Cosel«, »Brühl« und »Aus dem Siebenjährigen Krieg«. Sein Wohnhaus ist heute Museum und deutsch-polnisches Begegnungszentrum mit Bibliothek und Lesecafé. *Mi–So 10–18 Uhr, Eintritt 2 Euro, Fr ab 14 Uhr frei, Nordstr. 28, Straßenbahnen 13 Alaunplatz, 11 Nordstaße, Bus 91 Marienallee*

Kügelgenhaus – Museum der Dresdner Romantik **[115 E1]**
In dem Bürgerhaus wohnte 1808 bis 1820 der Porträt- und Historienmaler Gerhard von Kügelgen. Das kleine Museum in den Wohn- und Atelierräumen des Künstlers ist der Dresdner Romantik und den Gästen des Kügelgenschen Salons – u. a. Caspar David Friedrich – gewidmet. *Mi–So 10–18 Uhr, Eintritt 2 Euro, Fr ab 14 Uhr frei, Hauptstr. 13, Straßenbahnen 3, 4, 8, 11 Neustädter Markt, 6–8, 11 Albertplatz*

Landesmuseum für Vorgeschichte **[115 D1]**
Im Japanischen Palais zeigt das Museum des Landesamts für Archäologie Wechselausstellungen mit Artefakten aus 280 000 Jahren regionaler Geschichte – vom Faustkeil bis zur barocken Grabplatte – sowie Sonderausstellungen. *Tgl. 10–18 Uhr, Eintritt 3–5 Euro, Palaisplatz 11, Straßenbahnen 3, 4 Palaisplatz*

Militärhistorisches Museum der Bundeswehr **[117 E1]**
Das Museum im ehemaligen Arsenal der sächsischen Armee wird bis 2008 nach Entwürfen von Daniel Libeskind und HG Merz umgebaut. Eine Interimsausstellung in einer angrenzenden Industriehalle präsentiert militärische Hinterlassenschaften aus fünf Jahrhunderten, Zeugnisse der deutschen Militärgeschichte nach 1945 sowie Exponate zum Thema »Dresden und das Militär«. *Di–So 9–17 Uhr, Eintritt*

frei, Olbrichtplatz 2, www.mgfa.de, Straßenbahnen 7, 8, Bus 91 Stauffenbergallee

Museum für Völkerkunde **[115 D1]**
Das Museum im Japanischen Palais ist Teil der *Staatlichen Ethnographischen Sammlungen Sachsens* und zeigt wechselnde Sonderausstellungen mit Exponaten aus allen Teilen der Welt. Sammlungsschwerpunkte sind u. a. Ozeanien, Südostasien und Südamerika. *Di–So 10–18 Uhr, Eintritt 4 Euro, Palaisplatz 11, www.voelkerkunde-dresden.de, Straßenbahnen 3, 4 Palaisplatz*

Schillerhäuschen **[119 D4]**
Im Lusthäuschen auf dem Weinberg der Familie seines Förderers Christian Gottfried Körner schrieb Friedrich Schiller am »Don Carlos«. Heute das kleinste Museum Dresdens. *Schillerstr. 19, Busse 61, 83, Standseil/Schwebebahn Körnerplatz*

Staatliche Naturhistorische Sammlungen Dresden **[114 C3]**
Zusammenschluss des *Museums für Mineralogie und Geologie* sowie des *Museums für Tierkunde*, beide hervorgegangen aus den Naturalienkammern der sächsischen Herrscher. Wechselnde Ausstellungen im *Zwinger (Di–So 10–18 Uhr, Straßenbahnen 1, 2, 4, 8, 9, 11, 12, Busse 75, 94 Postplatz)* und im *Japanischen Palais (Di–So 10–18 Uhr, Straßenbahnen 3, 4 Palaisplatz). Eintritt 1–3 Euro, www.snsd.de*

Stadtmuseum und Städtische Galerie Dresden **[115 E4]**
Nach umfassender Sanierung wurde 2005/06 das Stadtmuseum Dresden im Landhaus mit einer Ausstellung zur Frauenkirche und der neu konzipierten ständigen Ausstellung zur Dresdner Stadtgeschichte wiedereröffnet. Im Obergeschoss residiert die *Städtische Galerie Dresden*, die Kunst aus Dresden präsentiert. Museumscafé und -shop. *Di–So 10–18, Fr 12–20 Uhr, Eintritt 3 Euro, Fr ab 14 Uhr frei, Wilsdruffer Str. 2 (Eingang Landhausstraße), Straßenbahnen 1–4, 6, 7, 12, Bus 82 Pirnaischer Platz*

Technische Sammlungen der Stadt Dresden **[118 C6]**
★ In dem ehemaligen Kamerawerk werden Ausstellungen zur Technik- und Industriegeschichte der letzten 150 Jahre gezeigt: Schreib- und Bürotechnik, Fotografie und Kinematografie, Unterhaltungs- und Haushaltstechnik sowie Rechentechnik und Mikroelektronik. Es gibt ein Museumskino und den *Ernemannturm* mit Turmcafé. *Di–Fr 9–17, Sa/So 10–18 Uhr, Eintritt 3 Euro, Turm 1,50 Euro, Fr ab 14 Uhr frei, Junghansstr. 1–3, www.tsd.de, Straßenbahnen 4, 10, Bus 61 Pohlandplatz*

Insider Tipp

Verkehrsmuseum **[115 D3]**
★ Das Museum präsentiert Exponate aus den Bereichen Eisenbahn, Kraftfahrzeuge und Fahrräder, städtischer Nahverkehr, Schifffahrt und Luftverkehr. Dokumentiert sind der ostdeutsche Automobilbau und die in Dresden beheimatete DDR-Luftfahrtindustrie. Bemerkenswert: die »Muldenthal«, Deutschlands älteste erhaltene Dampflokomotive (1861) oder der Eindecker von Hans Grade (1909). *Di–So 10–17 Uhr, Eintritt 3 Euro, Johanneum am Neumarkt, www.verkehrsmuseum.sachsen.de, Straßenbahnen 1, 2, 4 Altmarkt*

Gediddschd, heeß und sieße

In der abwechslungsreichen Restaurantszene der Stadt können Sie nicht nur Dresdner Ess- und Trinkgewohnheiten nachspüren

Wie die Engländer den Fünf-Uhr-Tee lieben die Sachsen ihr »Schälchn Heeßn« – zu fast jeder Tageszeit. Kein Wunder, schließlich erfand die Hausfrau Melitta Bentz 1908 in Dresden den Kaffeefilter. Stark muss es sein, das sächsische Nationalgetränk, »heeß« und »scheen sieße«. Dass die Sachsen aus Geiz nur »Bliemchengaffee« trinken, der so dünn ist, dass man das Blumendekor auf dem Tassenboden erkennt, ist ein – wenn auch hartnäckiges – Gerücht. Zum Kaffeekränzchen wird eine *Bäbe* (Napfkuchen) angeschnitten – und es darf »gediddschd« (eingetunkt) werden. Der Klassiker unter den Dresdner Kuchen ist die Eierschecke. Sie fehlt in keinem Kuchenbüfett. Unbedingt probieren sollten Sie auch die Quarkkeulchen mit Zimt und Zucker und in der Weihnachtszeit natürlich den berühmten Dresdner Stollen. Über dessen Qualität wacht im Interesse von rund 150 Bäckereien und Konditoreien aus dem Großraum Dresden der Stollen-Schutzverband.

Festliches Bankett im historischen Innenhof des Kempinski Hotels Taschenbergpalais

Auf den Mittagstisch kommt in Dresden traditionell Deftiges: saftige Braten mit köstlichen Soßen und Kartoffeln. Der Renner unter den Eintöpfen ist die sächsische Kartoffelsuppe, meist mit Majoran, manchmal mit Kümmel abgeschmeckt, aber fast immer mit Wiener Würstchen. Dass die Dresdner zudem gern von Nachbars Teller naschen, verraten die Speisekarten: Hier finden sich böhmische Knödel, Pellkartoffeln mit Quark und Leinöl aus der Lausitz oder erzgebirgische Glitscher. Wer es kulinarisch eher exotisch mag, kommt ebenfalls auf seine Kosten: Italiener, Griechen und Inder, Russen und Japaner haben an der Elbe ihre Zelte aufgeschlagen.

Für eine nahrhafte Sightseeing-Pause finden sich rings um die Hauptsehenswürdigkeiten der Stadt – am Theaterplatz, am Neumarkt, in der Münz- und in der Weißen Gasse – mannigfaltige Gelegenheiten zur Einkehr. Bei Gästen wie Dresdnern am beliebtesten sind natürlich die Lokale mit Elbblick – von Pillnitz bis Pieschen: Romantik bei Radeberger Pilsner und sächsischem Wein. Das gastronomische Zentrum Dresdens allerdings liegt

Das Italienische Dörfchen bietet ein gepflegtes historisches Ambiente

in der Äußeren Neustadt. Die hat sich in den letzten 15 Jahren zu einem äußerst lebendigen, quirligen Szene- und Kneipenviertel entwickelt. In der Görlitzer Straße, der Louisen- und der Alaunstraße trifft man Einheimische wie Auswärtige, Künstler und Lebenskünstler. Hier haben viele Küchen auch noch nach Mitternacht geöffnet und die Bars oft bis 5 Uhr in der Früh. Für den Morgen danach empfiehlt sich ein ausgiebiges Katerfrühstück in einem der vielen lauschigen Hinterhöfe.

CAFÉS

Café Blumenau **[117 E2]**
Junges Publikum bei Cocktails und Kuchen. Beliebter Frühstückstreff. *Tgl., Louisenstr. 67, Tel. 802 65 02, Straßenbahn 13 Görlitzer Straße*

Café Toscana **[119 D5]**
★ Torten, Kuchen und feine Pralinés, seit über 100 Jahren. Terrasse mit Blick aufs »Blaue Wunder«. *Tgl., Schillerplatz 7, Tel. 310 07 44, Straßenbahnen 6, 12, Busse 61, 83, 85 Schillerplatz*

Café Vis-à-Vis **[115 D3]**
Hier verbindet sich sächsische Gastfreundlichkeit mit Wiener Kaffeehausatmosphäre. Freiplätze auf der Brühlschen Terrasse. *Tgl., Brühlsche Terrasse, Tel. 864 28 35, Straßenbahnen 1, 2, 4, Altmarkt, 4, 8, 11 Theaterplatz*

Grand Café und Restaurant im Coselpalais **[115 E3]**
Exzellente Torten und Kuchen zu Füßen der Frauenkirche. Opulente Speisekarte. *Tgl., An der Frauenkirche 12 a, Tel. 496 24 44, Straßenbahnen 1, 2, 4, Altmarkt*

RESTAURANTS €€€

Insider Tipp
Alte Meister [114 C3]
Tagsüber Museumscafé der gleichnamigen Galerie, abends stilvolles Restaurant mit kreativer internationaler Küche. Terrasse. *Tgl., Theaterplatz 1 a, Tel. 481 04 26, Straßenbahnen 4, 8, 11 Theaterplatz*

Insider Tipp
Fischhaus Dresden [118 C1]
Mit seiner über 400-jährigen Geschichte eines der ältesten Dresdner Gasthäuser. Ein romantischer Platz, an dem altsächsische Küche auf moderne Cuisine trifft. Achtung: trotz des Namens kein Fischrestaurant! *Tgl., Fischhausstr. 14, Tel. 89 91 00, Straßenbahn 11 Angelikastraße*

Italienisches Dörfchen [115 D3]
★ Wo einst die italienischen Bauarbeiter der Hofkirche lebten, entstand 1911–13 nach Entwürfen Hans Erlweins eine Gaststätte. Das Haus gegenüber der Semperoper ist fest in Touristenhand. *Caffee, Weinzimmer, Biersaal, Kurfürstenzimmer, Ristorante Bellotto.* Draußen Elbterrassen und Biergarten. Küche von deutsch-bürgerlich bis italienisch. *Tgl., Theaterplatz 3, Tel. 49 81 60, Straßenbahnen 4, 8, 11 Theaterplatz*

Kahnaletto [115 D2]
★ Das Restaurant auf dem Theaterkahn überzeugt mit frischer mediterraner Küche. Bar im Schiffsrumpf. *Tgl., Bar Di–Sa 18–1 Uhr, Terrassenufer/Augustusbrücke, Tel. 495 30 37, Straßenbahnen 4, 8, 11 Theaterplatz*

Insider Tipp
La Rue [117 E2]
Pittoreske Mischung: Bar mit Bibliothek, Restaurant »King David«, Salon »Blauer Engel«, Hofgarten. Gute jüdische und französische Küche. *Tgl., nur abends, Görlitzer Str. 11, Tel. 801 29 77, Straßenbahn 13 Görlitzer Straße*

MARCO POLO Highlights »Essen & Trinken«

★ **Café Toscana**
Der Klassiker am »Blauen Wunder« (Seite 52)

★ **Luisenhof**
Gepflegte Speisen mit phänomenaler Aussicht (Seite 55)

★ **Kahnaletto**
Frische mediterrane Küche auf der Elbe (Seite 52)

★ **Schillergarten**
Zu neuem Leben erwachte Institution (Seite 55)

★ **Caroussel**
Hier steht Sachsens bester Koch am Herd (Seite 54)

★ **Italienisches Dörfchen**
Traditionshaus mit kulinarischer Vielfalt (Seite 53)

★ **Villa Marie**
La dolce vita am Elbestrand (Seite 55)

★ **Pulverturm**
Hier schaut Ihnen August der Starke auf den Teller (Seite 55)

Die Gourmettempel von Dresden

Canaletto **[115 D2]**
Das Gourmetrestaurant des *Hotels Bellevue* besticht durch Holger Bartkoviaks klassisch französische Küche mit regionalen Einflüssen. Menü ab 55 Euro. *Tgl., nur abends, Große Meißner Str. 15, Tel. 805 16 58, Straßenbahnen 3, 4, 8, 11 Neustädter Markt*

Caroussel **[115 D1]**
★ Eines der besten sächsischen Restaurants. Dirk Schröer, junger Meisterkoch aus Schwaben, verarbeitet frische saisonale und gern auch regionale Produkte zu kulinarischen Ereignissen. Menü ab 68 Euro. *Tgl., nur abends, Rähnitzgasse 19, Tel. 800 30, Straßenbahnen 3, 4, 8, 11 Neustädter Markt*

Schloss Eckberg **[118 C3]**
Chefkoch Vincent Clauss stammt aus dem Elsass und zaubert französische und mediterrane Köstlichkeiten auf den Teller – dazu gibt's als »Beilage« die atemberaubende Sicht auf Dresden. Menü ab 41 (mittags 22,50) Euro. *Tgl., Bautzner Str. 134, Tel. 809 91 93, Straßenbahn 11 Schloss Albrechtsberg*

Gourmetrestaurant Pattis **[0]**
Grandiose Menüs eines Meisters. Ob »Création à la mode« oder »Sächsisch-höfisches Essvergnügen« – Mario Pattis weiß zu überzeugen. Leichte, frische Küche und moderate Preise im *Restaurant Vitalis (tgl.)*. Menü ab 66 Euro. *So/Mo geschl., Merbitzer Str. 53, Tel. 425 50, Bus 94 Merbitzer Straße/Zschonergrundstraße*

Restaurant Intermezzo **[115 D3]**
Edle Einrichtung, mediterranes Flair. Die weltläufig moderne Küche begeistert Gaumen und Auge gleichermaßen. Tipp für den Sommer: der barocke Innenhof. Menü ab 42 Euro. *Tgl., Taschenberg 3, Tel. 491 27 12, Straßenbahnen 1, 2, 4, 8, 9, 11, 12, Busse 75, 94 Postplatz*

Ristorante Rossini **[115 D–E3]**
Dresdens Edel-Italiener im *Hilton* bringt Musik auf den Teller – von der Ouvertüre bis zum Gran Finale. Menü ab 44 Euro. *Tgl., nur abends, An der Frauenkirche 5, Tel. 864 28 55, Straßenbahnen 1, 2, 4, Altmarkt*

Lesage **[117 E6]**
Kreativ und experimentierfreudig präsentiert das Restaurant in der *Gläsernen Manufaktur* seine internationale Küche. Bar, im Sommer Terrassencafé. Insider Tipp So Jazzbrunch, tgl. ab 8 Uhr Snacks. *Tgl., Lennéstr. 1, Tel. 420 42 50, Straßenbahnen 1, 2, 4, 10, 12, 13 Straßburger Platz*

RESTAURANTS €€

L'Art de Vie **[115 E1]**
Restaurant des Societaetstheaters. Salate, Pasta und Gratins, aber auch Fisch und Fleisch. Sonnige Terrasse. *Tgl., An der Dreikönigskirche 1 a, Tel. 802 73 00, Straßenbahnen 3, 4, 8, 11 Neustädter Markt*

Ballhaus Watzke **[116 A1]**
Historisches Ballhaus. Restaurant, Biergarten mit Elbblick, eigene Brauerei, schöner Ballsaal. *Tgl., Kötzschenbroder Str. 1/Ecke Leipziger Str., Tel. 85 29 20, Straßenbahnen 4, 9, 13 Altpieschen*

Brauhaus am Waldschlösschen **[118 A2]**
Erlebnisbrauerei, Restaurant mit deftiger Kost und Biergarten mit phänomenaler Aussicht. Abends Livemusik. *Tgl., Am Brauhaus 8 b, Tel. 652 39 00, Straßenbahn 11 Waldschlösschen*

Espitas **[117 D2]**
Beliebtes Restaurant im mexikanischen Stil, gelegen in einem originellen Neubau am Schnittpunkt zweier Gastromeilen der Äußeren Neustadt. Viel Platz über zwei Stockwerke mit vier Ebenen und Terrasse, dennoch Reservierung ratsam. *Tgl., Louisenstr. 39, Tel. 456 85 25, Straßenbahnen 7, 8 Louisenstraße, 13 Görlitzer Straße*

Luisenhof **[119 E4]**
★ Die Aussicht vom »Balkon Dresdens« ist atemberaubend, die Plätze an den Fenstern und im Lindengarten sind entsprechend begehrt. Küche von sächsisch bis international, eigene Patisserie. Insider Tipp: Sonntagsbrunch (reservieren!). *Tgl., Bergbahnstr. 8, Tel. 214 99 60, Straßenbahn, 11 Plattleite, Standseilbahn*

New California **[115 D1]**
Modern gestyltes Restaurant in der Prisco-Passage. Frische Californian Cuisine, italienisch und mexikanisch beeinflusst, aber auch saftige Steaks. Exotic Brunch am Sonntag, wochentags Business Lunch. *Tgl., Wallgässchen 4, Tel. 811 35 10, Straßenbahnen 3, 4 Palaisplatz*

Pulverturm **[115 E3]**
★ Dragonerschmaus und Henkersmahlzeit; liebliche Mägde und fesche Grenadiere servieren, Gaukler unterhalten. Bisweilen schaut August der Starke vorbei. *Tgl., An der Frauenkirche 12, Tel. 26 26 00, Straßenbahnen 3, 6, 7 Synagoge*

Schillergarten **[119 D5]**
★ Eine Dresdner Institution, nach Flutschaden-Sanierung 2004 wiedereröffnet. Gutbürgerliches Restaurant, Café mit eigener Patisserie, riesiger Biergarten mit Blick aufs »Blaue Wunder«. *Tgl., Schillerplatz 9, Tel. 81 19 90, Straßenbahnen 6, 12, Busse 61, 83, 85 Schillerplatz*

Sky **[114 C6]**
Café, Bar und Restaurant in der Glaskuppel des neuen Kugelhauses am Wiener Platz, einer Reminiszenz an das von den Nationalsozialisten zerstörte Dresdner Kugelhaus aus dem Jahr 1928. Himmlisch ergänzen sich das moderne Design und die weitläufige Sonnenterrasse. *Tgl., Wiener Platz 10, Tel. 484 31 84, S-Bahn, Straßenbahnen 3, 6–11, Busse 72, 76 Hauptbahnhof/Hbf.-Nord*

Villa Marie **[119 D4]**
★ Toskanische Villa vor der herrlichen Kulisse aus Elbhang und »Blauem Wunder«. Besonders gut schmeckt der zarte Lammrücken mit Rosmarinkartoffeln an einem lauen Sommerabend im Garten; So Brunch. *Tgl., Fährgässchen 1, Tel. 31 54 40, Straßenbahnen 6, 12, Bus 61, 83, 85 Schillerplatz*

Dresdner Spezialitäten

Lassen Sie sich diese Köstlichkeiten gut schmecken!

Apfelrotkraut – Äpfel und Nelken geben dem Rotkraut den richtigen Kick; perfekt zu Gänsekeule mit Kartoffelklößen

Dresdner Eierschecke – Der goldgelbe Dresdner Kuchenklassiker besteht aus einem Teigboden mit süßer Quarkcreme, bedeckt von einer Eier-Butter-Zucker-Masse

Dresdner Sauerbraten – Rinderschmorfleisch, mehrere Tage in Weißweinessig und Malzbier gebeizt, ergibt einen pikanten Braten; als Beilage Semmelknödel und Apfelrotkraut

Dresdner Stollen – Zu Weihnachten ein Muss! Der Hefeteiglaib mit viel Butter, Sultaninen, Mandeln, Zitronat und allerlei geheimen Zutaten schmeckt am besten, wenn er ein paar Wochen gelagert wurde

Fettbemme – Griebenschmalz mit Apfel- und Zwiebelwürfeln auf einer Schwarzbrotscheibe

Glitscher – Die Puffer aus rohen geriebenen Kartoffeln stammen aus dem Erzgebirge und werden als Bratenbeilage oder mit Zucker und Apfelmus gegessen

Holundersuppe – Holunderbeersaft wird mit Stärkemehl angedickt, mit Zitrone und Gewürzen abgeschmeckt und mit Sahne und gerösteten Brotwürfeln serviert

Meißner Wein – Synonym für den sächsischen Wein von den Elbhängen zwischen Dresden und Diesbar-Seußlitz

Pulsnitzer Pfefferkuchen – Nach uralten Rezepten werden sie in Pulsnitz bei Dresden nicht nur zur Weihnachtszeit gebacken

Quarkkeulchen – Sie fehlen auf kaum einer Speisekarte. Scheiben aus Quark, gekochten Kartoffeln und Rosinen werden in einer Pfanne goldgelb gebacken und mit Zimtzucker oder Apfelmus serviert

Radeberger Pilsner – Das berühmteste ostdeutsche Bier wird im 15 km entfernten Radeberg gebraut

Sächsische Kartoffelsuppe – Kartoffeln, Möhren, Majoran und Wiener Würstchen ergeben einen leckeren Eintopf

Sorbische Hochzeitssuppe – Gemüsesuppe mit Leberklößchen und Eierstich aus der Lausitz

Wickelklöße – Ein Teig aus gekochten Kartoffeln, Mehl und Eiern wird mit Semmelbröseln oder Speckwürfeln aufgerollt, in Scheiben geschnitten und gekocht

RESTAURANTS €

BrennNessel **[114 B3]**
Restaurant im Umweltzentrum, unweit vom Zwinger. Salate, Suppen und Aufläufe, viel Vegetarisches. Klassiker: Brennnessel-Suppe oder Pellkartoffeln mit Quark und Leinöl. Schöner Hof. *Tgl., Schützengasse 18, Tel. 494 33 19, Busse 75, 94 Schweriner Straße*

Dürüm Kebab Haus **[117 E2]**
Türkische Spezialitäten. Trubel bis weit nach Mitternacht. Vor Döner und Falafel gibt's Apfeltee. *Tgl., Rothenburger Str. 41, Tel. 802 62 79, Straßenbahn 13 Görlitzer Straße*

Elbsegler **[115 D2]**
Schiff ahoi! Der maritime Biergarten unterhalb der Augustusbrücke und des Hotels *Bellevue* hat den legendären Canaletto-Blick. *Große Meißner Str. 15 (Hotel The Westin Bellevue), April–Okt. tgl., Tel. 805 18 85, Straßenbahnen 4, 8, 9 Neustädter Markt*

Fährgarten Johannstadt **[117 F3]**
Knackige Bratwurst und kühles Bier mitten in den Elbwiesen. Eigener Bootsanlegesteg (bei km 53,4), Fähre zur Neustadt in Sichtweite. *April–Okt. tgl., Käthe-Kollwitz-Ufer 23 b, Tel. 459 62 62, Straßenbahn 6, 13 Sachsenallee*

Insider Tipp **Kümmelschänke** **[O]**
Ausflugslokal mit Töpferei, Spielplatz, Streuobstwiese und Tieren. Die Küche ist frisch und einfallsreich. Der Renner: provenzalische Kartoffeln. *Jan./Feb. Mo geschl., sonst tgl., Mo–Fr aber nur abends, Kümmelschänkenweg 2, Tel. 421 61 44, Bus 80 Omsewitz*

Planwirtschaft **[117 D2]**
Szenekneipe der ersten Stunde. Café, Keller und Garten. Leckere Hausmannskost mit Ökozutaten. *Tgl., bis 15 Uhr Frühstücksbüfett, Louisenstr. 20, Tel. 801 31 87, Straßenbahnen 7, 8 Louisenstraße*

Raskolnikoff **[117 E3]**
Internationale Gerichte aus allen Himmelsrichtungen. Neben Restaurant, Bar und Sommergarten gibt's eine Galerie und eine Pension. *Tgl., Böhmische Str. 34, Tel. 804 57 06, Straßenbahnen 6, 11, 13 Bautzner/Rothenburger Straße*

Scheunecafé **[117 D2]**
Szenelokal mit indischer Küche, Sa/So 10–16 Uhr Brunchbüfett, im Sommer Biergarten. *Tgl., Mo–Fr nur abends, Alaunstr. 36–40, Tel. 802 66 19, Straßenbahn 13 Görlitzer Straße*

Wenzel Prager Bierstuben **[115 D1]**
Prager Schinken, Knoblauchsuppe, »Ertrunkene Würste« – hier steht die traditionelle böhmisch-tschechische Küche auf dem Speiseplan und das »Staropramen«-Pilsner auf dem Tisch. *Tgl., Königstr. 1, Tel. 804 20 10, Straßenbahnen 3, 4 Palaisplatz*

Zschoner Mühle **[O]** Insider Tipp
Ausflugslokal im lauschigen Zschonergrund mit Wassermühle, Mühlenmuseum und Kulturhof samt Marionettenbühne und Sommerkino. Deftige Kost. *April–Okt. und Dez. tgl., Nov. und Jan.–März Mo/Di geschl., Nov.–März nur abends (außer Sa/So), Zschonergrund 2, Tel. 421 02 52, Bus 329 Zschonergrundmühle*

Dresdner Einkaufsbummel

Meissener Porzellan und flippige Klamotten, moderne Kunst und Räuchermännchen

Das klassische Shopping-Mekka ist Dresden sicher nicht; die Boutiquen der richtig teuren Nobelmarken sind hier (noch) eher rar gesät. Dennoch gibt es viele ganz unterschiedliche Möglichkeiten zum Bummeln, Schauen und Kaufen. In der Prager Straße und in der Seestraße haben sich Kaufhäuser und die üblichen Ladenketten angesiedelt, und zwischen Altmarkt und Wallstraße befindet sich mit der *Altmarkt-Galerie* eine Shopping-Mall mit rund 100 Geschäften und Restaurants. Hippe Klamotten bieten die Läden der Äußeren Neustadt. Rund um die Königstraße geht es nobler zu: Hier liegen Boutiquen, Galerien und Antiquitätengeschäfte. Geschenke – von flippig bis traditionell – findet man in den *Kunsthandwerker-Passagen* an der Hauptstraße und in den Insider Tipp Museumsshops, in der Neustädter *Kunsthof-Passage* und in der Friedrich-Wieck-Straße am »Blauen Wunder«.

Als Mitbringsel empfehlen sich natürlich sächsische Spezialitäten: Wein von den Hängen der Sächsischen Weinstraße, Pulsnitzer Pfefferkuchen, Erzgebirgsvolkskunst – vom Räuchermännchen bis zur Weihnachtspyramide –, Meissener Porzellan oder Frauenkirchen-Devotionalien.

Meissener Porzellan – stilvoll präsentiert

Gut verkorkt: Nehmen Sie sächsischen Wein auch mit nach Hause

ANTIQUARIATE

Dresdner Antiquariat **[115 D4]**
Stöbern Sie auf zwei Etagen in einem der größten Ladenantiquariate Deutschlands nach Buchraritäten. *Wilsdruffer Str. 14, Tel. 490 45 83, Straßenbahnen 1–4, 6, 7, 12, Bus 82 Pirnaischer Platz*

Historica Antiquariat Bert Wawrzinek **[115 E1]**
Etwas versteckt gelegen, doch der Laden ist ein kleines Paradies für Bibliophile. *Heinrichstr. 6, Tel. 802 88 19, Straßenbahnen 3, 4, 8, 11 Neustädter Markt*

ANTIQUITÄTEN

Angebote von Möbeln, Bildern, Porzellan, Uhren, Schmuck, Spielzeug und Leinenwäsche finden Sie gebündelt in der Inneren Neustadt [115 D–E1–2]: *Antiquitäten am Goldenen Reiter (Hauptstr. 17/19), Antiquitäten & Kunst (Rähnitzgasse 24), Kunst und Antiquitäten Joachim Noack (Königstr. 5), Kunsthandlung Dresdensia (Königstr. 5), Sammlerkabinett Gerd Hardner (Neustädter Markt 11), Uhrenatelier Kathke (Rähnitzgasse 12), Venz Antik (Nieritzstr. 5). Straßenbahnen 3, 4, 8, 11 Neustädter Markt*

GALERIEN

Dresden hat rund 50 Galerien. Das Kulturamt *(Königstr. 15, Tel. 488 89 42)* gibt vierteljährlich einen Ausstellungskalender heraus.

Galerie Baer [117 E2]
Junge Galerie mit Fokus auf die Kunst des 21. Jhs. und den aktuellen Kunstdiskurs. *Mi 10–14, Do/Fr 12–19, Sa 12–17 Uhr, Sebnitzer Str. 55, www.galerie-baer.de, Straßenbahnen 13 Alaunplatz, 11 Diakonissenkrankenhaus*

Galerie Drei – Dresdner Sezession 89 [117 E2]
Hier stellen Künstlerinnen aus: Malerei, Grafik, Installation, Skulptur, Fotografie. *Di–Fr 14–18, Sa 11–14 Uhr, Prießnitzstr. 43, www.sezession89.de, Straßenbahnen 13 Alaunplatz, 11 Diakonissenkrankenhaus*

Galerie Gebr. Lehmann [117 E2]
Mit Malern wie Eberhard Havekost und Frank Nitsche bewegt man sich auf internationalem Parkett. *Di–Fr 10–13, 15–18, Sa 11–14 Uhr, Görlitzer Str. 16, www.galerie-gebr-lehmann.de, Straßenbahn 13 Alaunplatz oder Görlitzer Straße*

Galerie Mitte [117 F5]
1979 gegründetes Urgestein der Dresdner Galerienlandschaft. Vertreten sind vor allem sächsische Künstler. *Di–Fr 14–19, Sa 10–14 Uhr, Striesener Str. 49, www.galerie-mitte.de, Straßenbahnen 4, 10, 12 Fetscherplatz*

Kunstausstellung Kühl [117 F2]
Verkaufsgalerie, widmet sich bereits seit 1924 der zeitgenössischen Kunst. *Di 14–18, Mi/Do 10–12, 14–18, Fr 10–12, 14–19, Sa 10–13 Uhr, Nordstr. 5, www.kunstausstellung-kuehl.de, Straßenbahn 11 Nordstraße*

KERAMIK

Bunzlauer Keramik [117 E3]
Schöne Keramik mit den typischen, meist tiefblauen Dekors aus der »Stadt des guten Tons«. *Bautzner Str. 81, Straßenbahn 11 Pulsnitzer Straße*

Keramik am Körnerplatz [119 D4]
Hedwig Bollhagen, Keramik aus Dresden und Steinzeug aus der Lausitz. *Auch So geöffnet (11–16 Uhr), Friedrich-Wieck-Str. 7, Busse 61, 83, Standseil/Schwebebahn Körnerplatz*

Keramikwerkstatt Katarina Gnauck [117 E3]
Hier gibt es »gekrönte« Tassen, Dosen und Kannen – schlicht und dennoch originell. *Rothenburger Str. 38, Straßenbahn 13 Görlitzer Straße*

KULINARISCHES

Kreutzkamm [115 D4]
1825 am Altmarkt gegründet. 1945 zerstört, kehrte die Traditionskonditorei Mitte der 1990er-Jahre aus dem Münchner Exil zurück. Probieren Sie die Vanillekipferl und den Baumkuchen! *Seestr. 6, www.kreutzkamm.de, Straßenbahnen 1, 2, 4 Altmarkt*

Pfunds Molkerei [117 E3]
★ Der über 100 Jahre alte, mit farbigen Keramikfliesen geschmückte »schönste Milchladen der Welt« ist eine Neustadt-Sehenswürdigkeit und ein beliebtes Ziel der Touristenbusse. Käse, Wein, Souvenirs, außerdem Trinkhalle und Restaurant. *Auch So geöffnet (10–15 Uhr), Bautzner Str. 79, www.pfunds.de, Straßenbahn 11 Pulsnitzer Straße*

Schloss Wackerbarth [126 B3]
★ Wein und Sekt vom Sächsischen Staatsweingut. Am besten vor Ort probieren und kaufen. *Besucherzentrum tgl. 9.30–20 Uhr, Wackerbarthstr. 1, Radebeul, Tel. 895 50, www.schloss-wackerbarth.de, Straßenbahn 4 Schloss Wackerbarth*

KUNSTHANDWERK & GESCHENKE

art & form [117 D3]
Die Kombination aus Laden und Galerie ist vor allem wegen des umfangreichen Angebots an originellen Geschenken beliebt. Außerdem: wechselnde Ausstellungen, Rahmungen und immer ab September Dresdens beste Kalenderauswahl. *Bautzner Str. 11, Straßenbahnen 6–8, 11 Albertplatz*

Kunsthandwerk an der Kreuzkirche [115 D4]
★ Große Auswahl an Erzgebirgsvolkskunst: Weihnachtspyramiden, Schwibbögen, Nussknacker; Keramik, Zinn, Glas. *An der Kreuzkirche 7, Straßenbahnen 8, 9, 11, 12, Busse 75, 82 Prager Straße*

Kunsthandwerker-Passagen [115 E1] Insider Tipp
Läden und Werkstätten: Blaudruck, Schmuck, Glas, Zinn und Erzgebirgsvolkskunst. Außerdem ein Geschäft der Dresdner Spezialitätenbäckerei Dr. Quendt. Decken Sie sich mit Kokosschmätzchen und Russisch Brot ein! *Hauptstr. 9–19,*

MARCO POLO Highlights »Einkaufen«

★ **Meissener Porzellan**
Begehrt und kostbar (Seite 63)

★ **Kunsthandwerk an der Kreuzkirche**
Volskunst aus dem Erzgebirge (Seite 61)

★ **Pfunds Molkerei**
»Der schönste Milchladen der Welt« (Seite 61)

★ **Schloss Wackerbarth**
Wein und Sekt von der Sächsischen Weinstraße (Seite 61)

Dekorative Mitbringsel: die berühmten Räuchermännchen

www.dresden-hauptstrasse.de, Straßenbahnen 3, 4, 8, 11 Neustädter Markt

Insider Tipp

Kunsthof-Passage [117 E2]
Phantasievoll gestaltete Hinterhöfe, ein Dutzend Läden: Mode, Antiquitäten, Schmuck, Bücher, Papier, Accessoires. *Zwischen Alaunstr. 70 und Görlitzer Str. 23/25, Straßenbahn 13 Görlitzer Straße*

LouisdoOr [117 D3]
Dresdner Künstlerpuppen als Mitbringsel für die lieben Kleinen. *Louisenstr. 4, Straßenbahnen 7, 8 Louisenstraße*

Weihnachtsland am Zwinger [115 D–E 3–4]
Es weihnachtet sehr. Hier und in einem zweiten Geschäft (*BM Geschenke & Ambiente* im Hilton) gibt es Erzgebirgisches, so weit das Auge reicht. *Kleine Brüdergasse 5, Straßenbahnen 1, 2, 4, 8, 9, 11, 12, Busse 75, 94 Postplatz*

MÄRKTE

Elbeflohmarkt [117 E4]

Insider Tipp

Riesiger Trödelmarkt an den Elbwiesen unterhalb der Albertbrücke. Antikes, Krimskrams, Sammlerstücke. *Sa und jeden 3. So im Monat 8–14 Uhr, Käthe-Kollwitz-Ufer, Straßenbahnen 6, 13 Sachsenallee*

Sachsenmarkt [115 F6]
Großer Markt vor allem mit regionalen und ostdeutschen Produkten. *Fr 8–17 Uhr, Lingnerallee, Straßenbahnen 10, 13 Großer Garten*

MODE & ACCESSOIRS

Rund um die Königstraße gibt's eine Reihe Boutiquen, die Mode für den etwas gehobeneren Geschmack anbieten, u. a. *Minge Moden (Königstr. 3), Mode Art (Königstr. 8), Lelifeld Schuhe (Königstr. 12), Gabriele Häfner (An der Dreikönigskirche 10), Anita Pehse (Wallgässchen 4). Straßenbahnen 3, 4 Palaisplatz*

ChicSaal **[117 D3]**
Secondhand-Klamotten der 50er- bis 70er-Jahre. *Böhmische Str. 4, Straßenbahnen 6–8, 11 Albertplatz*

Insider Tipp **Japee** **[117 D3]**
Verrückte Hüte von einer gelernten Kostümbildnerin. *Di–Fr 12–19, Sa 10–14 Uhr, Bautzner Str. 6, Straßenbahnen 6–8, 11 Albertplatz*

Lace up! **[117 D3]**
Shoes & Boots von Dr. Martens bis Camper. *Böhmische Str. 3, Straßenbahnen 6–8, 11 Albertplatz*

Insider Tipp **Ultramaringelb** **[117 E2]**
Atelier dreier Schmuckkünstlerinnen. Unikate, Kleinserien, Auftragsarbeiten. *Görlitzer Str. 23 (Kunsthof-Passage), Straßenbahn 13 Görlitzer Straße*

MUSIK

Insider Tipp **Sweetwater Recordstore** **[119 D4]**
Rock und jede Menge Jazz. CDs, aber auch »richtige« Schallplatten, neu und gebraucht. *Friedrich-Wieck-Str. 4, Busse 61, 83, Standseil/Schwebebahn Körnerplatz*

Zentralohrgan **[117 D2]**
Secondhandplatten, Raritäten, Amiga, Dresdner Bands. *Louisenstr. 22, Straßenbahnen 7, 8 Louisenstraße*

PORZELLAN

Dresdner Porzellan Insider Tipp
1872 wurde die *Sächsische Porzellan-Manufaktur Dresden* gegründet. Hier wird in Handarbeit feines Zierporzellan gefertigt. Führungen *(Mo bis Fr 11, 14 Uhr)* und Shop in der Manufaktur in Freital **[126 B4]** *(Mo bis Fr 9–16, Sa 10–15 Uhr, 10 km vom Stadtzentrum, Carl-Thieme-Str. 16, Tel. 64 71 30, S-Bahn Freital-Potschappel)*. Zweiter Laden in den Dresdner Kunsthandwerker-Passagen **[115 E1]**, *Hauptstr. 17, Straßenbahnen 3, 4, 8, 11 Neustädter Markt*

Meissener Porzellan
★ Wer den Abstecher nach Meißen nicht schafft, kann das berühmte »Meissener« auch in Dresden erwerben: in den Shops im *Hilton-Hotel* **[115 D3]** *(An der Frauenkirche 5, Straßenbahnen 1, 2, 4 Altmarkt)* und bei *Karstadt* **[115 D5]** *(Prager Straße, Straßenbahnen 8, 9, 11, 12, Busse 75, 82 Prager Straße)*.

Frauenkirche zum Mitnehmen

Das ultimative Dresden-Souvenir

Es gibt sie als Puzzle und Bastelbogen, aus Plauener Spitze, auf Meissener Porzellan und als Zinnhumpen: die Frauenkirche. Der Klassiker unter den Souvenirs ist aber die Frauenkirchen-Uhr mit Originalsteinchen aus der Ruine der Kirche – zu haben für 22 Euro (Kinderuhr) bis 245 Euro (»Kuppeluhr« mit den Deckengemälden). Ein Teil des Erlöses kommt der Frauenkirche zugute. *Treffpunkt Galerie Frauenkirche (am Coselpalais), Straßenbahnen 1, 2, 4 Altmarkt, 3, 7 Synagoge*

DIE BESIEDLUNG DES MONDE

Guten Morgen!

Lassen Sie sich vom Tuten der Elbdampfer wecken, vom Rattern der Straßenbahn oder vom Gesang der Vögel

In Dresden findet sich für jeden Geschmack und jeden Geldbeutel ein Zimmer für die Nacht. Von modern gestylt über sächsisch-gemütlich bis rustikal – mitten in der historischen Altstadt neben Zwinger und Frauenkirche, in der quirligen Äußeren Neustadt oder am idyllischen Elbhang. Die Stadt verfügt mittlerweile über mehr als 16 000 Gästebetten in rund 150 Hotels, Pensionen, Herbergen und Hostels, von denen viele in den letzten Jahren neu eröffnet oder gründlich renoviert wurden.

Die Preise variieren, es gibt keine generelle Haupt- und Nebensaison, aber höhere Preise während touristischer Highlights wie dem Dixielandfestival oder dem Striezelmarkt. Im Sommer findet man dafür oft günstige Wochenendarrangements und Spezialangebote, etwa »3 Nächte buchen, 2 bezahlen«. Die Bettenauslastung ist in den vergangenen Jahren stetig gestiegen, dank der ebenfalls wachsenden Bettenkapazität bleibt dennoch Spielraum für Preisverhandlungen.

Ein Hotelleitsystem führt von den Autobahnabfahrten und den Bundesstraßen 172/173 in die Stadt. Achten Sie auf die Schilder in vier verschiedenen Farben. Für die Zimervermittlung wenden Sie sich an die *Werbung und Tourismus GmbH (Ostra-Allee 11, Tel. 49 19 22 22, zimmer@dresden-tourist.de)* oder an *Welcome Tourist Dresden (Meißner Landstr. 3, Tel. 410 01 00, www.welcome-tourist.de).*

Der Name ist Programm: Das art'otel bietet Kunst am und im Bau

HOTELS €€€

art'otel dresden **[114 B2]**
Urbanes Flair, italienisches Design und Kunst des gebürtigen Dresdners A. R. Penck – inklusive der 6,50 m hohen Figur eines nackten Mannes auf dem Dach. *174 Zi., Ostra-Allee 33, Tel. 492 20, Fax 492 27 77, www.artotel.de, Straßenbahn 9 Kongresszentrum, 1, 2 Maxstraße*

Dorint Novotel Dresden **[115 F5]**
Nach-Wende-Neubau zwischen historischer Altstadt und Großem Garten. Gläserne Manufaktur in Sichtweite. Restaurants, Geschäfte, Pool. *244 Zi., Grunaer Str. 14, Tel. 491 50, Fax 491 51 00, www.novotel.com, Straßenbahnen 1, 2, 4, 12 Deutsches Hygiene-Museum*

Hotel Elbflorenz **[114 A4]**
Modernes Haus mit stilvoller Einrichtung. Nahe der Innenstadt im World-Trade-Center-Komplex mit Theater, Läden und Restaurants.

Fenster mit Canaletto-Blick: Elbseite des Hotels The Westin Bellevue

227 Zi., Rosenstr. 36, Tel. 864 00, Fax 864 01 00, www.hotel-elbflorenz.de, S-Bahn, Straßenbahnen 6, 7, 10, 12 Freiberger Straße

Mercure Hotel Newa Dresden [114–115 C–D6]

★ So stivoll kann ein (generalüberholter) Plattenbau sein! Die Zimmer überzeugen mit Transparenz und erdigen Farben, Panoramafenster geben den Blick aufs Stadtzentrum oder das Dresdner Umland frei. *319 Zi., St. Petersburger Str. 34, Tel. 481 40, Fax 495 51 37, www.sache-der-weitsicht.de, S-Bahn, Straßenbahnen 3, 6–8, 10, Busse 72, 76 Hauptbahnhof, Straßenbahnen 3, 6–9, 11 Hbf.-Nord*

Radisson SAS Gewandhaus Hotel Dresden [115 E4]

Biedermeierzimmer und Marmorbäder in spätbarock-klassizistischer Hülle. Schönes Atrium, Fitnessbereich mit Pool. *97 Zi., Ringstr. 1, Tel. 494 90, Fax 494 94 90, www.dresden.radissonsas.com, Straßenbahnen 1–4, 6, 7, 12, Bus 82 Pirnaischer Platz*

Romantik Hotel Pattis [0]

Kleines, aber feines Haus in ruhiger, grüner Stadtrandlage. Behagliche Zimmer, Gourmetrestaurant, Wellness-Vitalgarten. *46 Zi., Merbitzer Str. 53, Tel. 425 50, Fax 425 52 55, www.pattis.de, Bus 94 Merbitzer Straße/Zschonergrundstraße*

Steigenberger Hotel de Saxe [115 E4]

Neubau nach historischem Vorbild in bester Lage direkt am Neumarkt. Zeitlos-elegante Zimmer, Restaurant mit Blick auf die Frauenkirche. *185 Zi., Neumarkt 9, Tel. 438 60, Fax 438 68 88, www.desaxe-dresden.steigenberger.de, Straßenbahnen 1, 2, 4 Altmarkt*

HOTELS €€

Backstage **[117 E3]**
★ Kleines, individuelles Hotel in einem sanierten alten Fabrikgebäude. Jedes Zimmer wurde von Künstlern mit anderen Materialien gestaltet. *11 Zi., Prießnitzstr. 12, Tel. 888 77 77, Fax 888 77 99, www.backstage-dresden.de, Straßenbahn 11 Diakonissenkrankenhaus*

Bayerischer Hof Dresden **[116 C3]**
Geräumige Zimmer in einem restaurierten Gebäude am Neustädter Bahnhof. *50 Zi., Antonstr. 33–35, Tel. 82 93 70, Fax 801 48 60, www.bayerischer-hof-dresden.de, S-Bahn, Straßenbahnen 3, 9 Bhf. Neustadt*

Four Points Hotel Königshof Dresden **[122 A3]**
Charmantes Boutiquehotel der Arabella-Sheraton-Kette. Mit Bus und Straßenbahn 10 Minuten bis zur Innenstadt. *93 Zi., Kreischaer Str. 2, Tel. 873 10, Fax 873 14 99, www.www.fourpoints.de/koenigshof, Straßenbahnen 9, 13, Busse 61, 75 Wasaplatz, S-Bhf. Strehlen*

Holiday Inn Dresden **[117 D1]**
Modernes, auf Geschäftsleute eingestelltes Hotel. Verkehrsgünstige Lage zwischen Flughafen, Autobahn und City. *Body & Soul Spa* mit Indoor Pool, Sauna, Solarium. *120 Zi., Stauffenbergallee 25 a, Tel. 815 10, Fax 815 13 33, www.holiday-inn-dresden.de, Straßenbahnen 7, 8, Bus 91 Stauffenbergallee*

Hotel Am Blauen Wunder **[118 C5]**
Das »Blaue Wunder«, Dresdens berühmteste Brücke, liegt in der Nähe, ist aber vom Hotel aus nicht zu sehen. Komfortable Zimmer. *39 Zi., Loschwitzer Str. 48, Tel. 336 60, Fax 336 62 99, www.habw.de, Straßenbahnen 6, 12, Busse 61, 83, 85 Schillerplatz*

Hotel Am Terrassenufer **[115 F3]**
Internationaler Hotelstandard in aufgefrischtem Plattenbau. In den oberen Etagen fulminante Aussichten: nach Westen auf das Altstadtpanorama, nach Osten – bei guter Sicht – bis zur Sächsischen Schweiz. *195 Zi., Terrassenufer 12,*

Insider Tipp

MARCO POLO Highlights »Übernachten«

★ **Backstage**
Schlafen im Gesamtkunstwerk (Seite 67)

★ **Hotel Bülow Residenz**
Noblesse oblige! (Seite 68)

★ **Mercure Hotel Newa Dresden**
Für anspruchsvolle Puristen (Seite 66)

★ **Maritim Hotel Dresden**
Neues Leben in altem Speicher (Seite 68)

★ **Hostel Mondpalast**
Junge Leute aus aller Welt (Seite 71)

★ **Hotel Schloss Eckberg**
Romantik, Stil, Aussicht (Seite 68)

Dresdner Luxushotels

Hilton Dresden **[115 D–E3]**
Moderne Zimmer und Suiten, viele mit Blick auf die Frauenkirche. 12 Restaurants, Cafés und Bars. *333 Zi., DZ ab 180 Euro, An der Frauenkirche 5, Tel. 864 20, Fax 864 27 25, www.hilton.de/dresden, Straßenbahnen 1, 2, 4 Altmarkt*

Hotel Bülow Residenz **[115 D1]**
★ Das Hotel in einem restaurierten, frisch aufpolierten Barockhaus bietet elegante Zimmer, individuellen Service und das Gourmetlokal *Caroussel. 30 Zi., DZ ab 278 Euro, Rähnitzgasse 19, Tel. 800 30, Fax 800 31 00, www.buelow-residenz.de, Straßenbahnen 3, 4, 8, 11 Neustädter Markt*

Hotel Schloss Eckberg **[118 C3]**
★ Wohnen im Märchenschloss hoch über der Elbe. 17 traumhafte Zimmer sowie das Restaurant samt Terrasse bieten eine phänomenale Aussicht. Preisgünstigere Alternative: das Kavaliershaus im lauschigen Park. *84 Zi., DZ ab 210 Euro, (Kavaliershaus 118 Euro), Bautzner Str. 134, Tel. 809 90, Fax 809 91 99, www.schloss-eckberg.de, Straßenbahn 11 Schloss Albrechtsberg*

Kempinski Hotel Taschenbergpalais Dresden **[115 D3]**
Luxus hinter originalgetreu wieder errichteter Barockfassade im Herzen der Altstadt. *215 Zi., DZ ab 189 Euro, Taschenberg 3, Tel. 491 20, Fax 491 28 12, www.kempinski-dresden.de, Straßenbahnen 1, 2, 4, 8, 9, 11, 12, Busse 75, 94 Postplatz*

Maritim Hotel Dresden **[114 C2]**
★ Schicker Hotel-Neuzugang im historischen Erlweinspeicher. Zimmer z. T. mit Altstadtblick, 38 m hohes Atrium, Restaurant mit Elbterrasse. *328 Zi., DZ ab 192 Euro, Devrientstr. 10–12, Tel. 21 60 Fax 216 10 00, www.maritim.de, Straßenbahn 9 Kongresszentrum*

The Westin Bellevue Dresden **[115 D1–2]**
Die Grand-Deluxe-Zimmer bieten den Canaletto-Blick über die Elbe auf die Altstadt. Restaurant *Canaletto*, Biergarten *Elbsegler*, romantischer Innenhof. *340 Zi., DZ ab 183 Euro, Große Meißner Str. 15, Tel. 80 50, Fax 805 16 09, www.westin.com/dresden, Straßenbahnen 3, 4, 8, 11 Neustädter Markt*

Tel. 440 95 00, Fax 440 96 00, hotel-terrassenufer.de, Straßenbahnen 3, 6, 7 Synagoge, Bus 82 Gerichtsstraße

Hotel Artushof **[117 F5]**
Das schöne Gründerzeithaus liegt am belebten Fetscherplatz und bietet komfortable, behagliche Zimmer. Die City, die Elbe und der Große Garten sind nur wenige Auto- bzw. Bahnminuten entfernt. *24 Zi., Fetscherstr. 30, Tel. 44 59 10, Fax 44 59 11 29, www.artushof.de, Straßenbahnen 4, 10, 12, Bus 74 Fetscherplatz*

Hotel Rothenburger Hof [117 D–E3]
Traditionsreiche Gastlichkeit mitten im Szeneviertel. Die Zimmer zur Gartenseite sind etwas teurer, vorm Haus fährt die Straßenbahn. Schwimmbad, Pauschalen für Langzeitgäste. *40 Zi., Rothenburger Str. 15–17, Tel. 812 60, Fax 812 62 22, www.rothenburger-hof.de, Straßenbahnen 6, 11, 13 Bautzner/Rothenburger Straße*

Schloss Hotel Dresden-Pillnitz [125 E6]
Schöner Wohnen in der barocken Pillnitzer Schlossanlage. Restaurant, Café, Biergarten. Hochzeitsarrangements. *45 Zi., August-Böckstiegel-Str. 10, Tel. 261 40, Fax 261 44 00, www.schlosshotel-pillnitz.de, Bus 83 Pillnitzer Platz*

VCH-Hotel Martha Hospiz [116–117 C–D3]
Freundliches Haus in der Inneren Neustadt nahe Königstraße. Gemütliches Ambiente, Wintergarten, rustikale Speisen im Restaurant *Kartoffelkeller. 50 Zi., Nieritzstr. 11, Tel. 817 60, Fax 817 62 22, www.vch.de/marthahospiz.dresden, Straßenbahnen 3, 4 Palaisplatz, S-Bahn, Straßenbahnen 3, 9 Bahnhof Neustadt*

HOTELS €

Alttolkewitzer Hof [124 A2]
Schöne Lage direkt an den Elbauen, Einrichtung im Landhausstil. Biergarten unter 100-jähriger Linde. *24 Zi., Alttolkewitz 7, Tel. 251 04 31, Fax 252 65 04, www.alttolkewitzer-hof.de, Straßenbahnen 4, 6 Alttolkewitz*

Gästehaus Stadt Metz [116 C3] Insider Tipp
Unschlagbar günstiges Quartier in unmittelbarer Zentrumsnähe – 15 Minuten Fußweg zu Zwinger und Frauenkirche. Familiärer Service. *6 Zi., Robert-Blum-Str. 9, Tel. 802 43 78, Fax 802 43 79, www.*

Luxusbleibe im Zentrum: Hilton Dresden an der Frauenkirche

haus-metz.de, Straßenbahnen 4, 6, 9, 11 Anton/Leipziger Straße

Hotel An der Rennbahn [123 D3]
Haus mit Tradition zwischen Großem Garten und Galopprennbahn. Gediegen eingerichtete Zimmer, rustikales Restaurant, Weinkeller. *22 Zi., Winterbergstr. 96, Tel. 21 25 00, Fax 212 50 50, www.hotel-an-der-rennbahn-dresden.de, Bus 85 Winterbergstraße*

Hotel Goldener Apfel [125 F6]
Individuell gestaltete Zimmer in Dresden-Pillnitz. Nichtraucher bevorzugt. Vitalzentrum mit naturheilkundlichen Anwendungen. *15 Zi., Schulweg 3, Tel. 26 16 60, Fax 261 66 13, www.goldener-apfel.de, Bus 83 Pillnitzer Platz*

Hotel Kipping [120 C1]
Familiengeführtes Hotel in denkmalgeschützter Villa nahe Hauptbahnhof und Prager Straße. *20 Zi., Winckelmannstr. 6, Tel. 47 85 00, Fax 478 50 99, www.hotel-kipping.de, S-Bahn, Straßenbahnen 3, 6–8, 10, Busse 72, 76 Hauptbahnhof*

Hotel Privat – Das Nichtraucherhotel [117 F2]
Wohnen ohne blauen Dunst, am Rande der Äußeren Neustadt. Restaurant, Gästegarten, zweckmäßige Zimmer. *30 Zi., Forststr. 22, Tel. 81 17 70, Fax 801 39 53, www.das-nichtraucher-hotel.de, Straßenbahn 11 Diakonissenkrankenhaus*

Hotel Smetana [122 C1]
Einladende Gemütlichkeit und freundlicher Service in einem rekonstrierten Jugendstilhaus. Zimmerpreise inklusive Frühstück und Kuchenbüfett am Nachmittag. *31 Zi., Schlüterstr. 25, Tel. 25 60 80, Fax 256 08 88, www.hotel-smetana.de, Bus 61 Schlüterstraße*

Ibis Hotels Dresden – Bastei, Königstein, Lilienstein, [114–115 C–D 5–6]
Drei Hotels, zentral und preiswert. Außen sozialistischer Plattenbau, innen zeitgemäßer Komfort. *Insgesamt 918 Zi., Prager Str. 5, 9 und 13, Tel. 48 56 20 00, Fax 48 56 29 99, www.ibis-dresden.de, S-Bahn, Straßenbahnen 3, 6–11, Busse 72, 76 Hauptbahnhof/Hbf.-Nord*

Landhotel Dresden [0]
Wohnen am grünen Stadtrand. Tipp: regelmäßig Versteigerung von Übernachtungspaketen bei ebay. Insider Tipp *43 Zi., Fritz-Meinhardt-Str. 105, Tel. 280 30, Fax 280 31 30, www.landhotel-dresden.de, Straßenbahnen 2, 9, 13, Bus 85 Prohlis, Busse 72, 76 Fritz-Meinhardt-Straße*

Park Plaza Hotel Dresden [117 E1]
Das Hotel wurde um den denkmalgeschützten Belle-Époque-Ballsaal *Lindengarten* herum gebaut. Zimmer mit modernem Komfort. *148 Zi., Königsbrücker Str. 121 a, Tel. 806 30, Fax 806 37 21, www.parkplaza.com, Straßenbahnen 7, 8, Bus 91 Stauffenbergallee*

Pension am Zwinger [114 B2]
Geräumige Zimmer (z. T. mit Küche) in drei Gründerzeithäusern. Zu Fuß nur 5 Min. bis Zwinger und Semperoper. *27 Zi., Ostraallee 27, Tel. 89 90 01 00, Fax 89 90 01 70, www.pension-zwinger.de, Straßenbahn 9 Kongresszentrum (Haus der Presse)*

Insider Tipp **Zur Königlichen Ausspanne** [124 C3]
Pension im Landhausstil in den Remisen eines Herrensitzes (1832) am Elbhang. *9 Zi., 1 Fewo., Eugen-Dieterich-Str. 5, Tel. 268 95 02, Fax 268 95 18, www.koenigliche-ausspanne.de, Bus 83 Staffelsteinstraße*

HOSTELS & HERBERGEN

Kosten pro Bett im Hostel ab 13 Euro (Schlafsaal), ab 15 Euro (Mehrbettzimmer), ab 18 Euro (DZ), in den Herbergen ab ca. 20 Euro

City-Herberge [115 E5]
Spartanisch, aber preisgünstig. In einem ehemaligen Bürogebäude gegenüber dem Rathaus. Zimmer für 1–4 Gäste; Caravanstellplätze. *200 Betten, Lingnerallee 3, Tel. 485 99 00, Fax 485 99 01, www.city-herberge.de, Straßenbahnen 1–4, 6, 7, 12, Bus 82 Pirnaischer Platz*

CVJM-Jugendschiff [116 C3]
Ehemaliges Ausflugsschiff, jetzt mit festem Liegeplatz im Neustädter Hafen. Keine Altersbeschränkung, ideal für Gruppen. *60 Betten, Leipziger Str. 15, Tel. 894 58 50, Fax 894 58 42, www.cvjm-sachsen.de/Schiff, Straßenbahnen 3, 4, 9 Anton/Leipziger Straße*

Guesthouse Mezcalero [117 D2]
Gästehaus mit aztekisch-mexikanischer Atmosphäre, gehobener Hostelstandard, Rezeption 24 Stunden besetzt. Mitten in der Äußeren Neustadt, aber ruhig im Hinterhof. Individuell gestaltete Ein-, Zwei- und Mehrbettzimmer. *60 Betten, Königsbrücker Str. 64, Tel. 81 07 70, Fax 810 77 11, www.mezcalero.de, Straßenbahnen 7, 8, 13 Bischofsweg*

Hostel Die Boofe [117 D1]
Zimmer für 1–5 Personen, Wohnküchen, hauseigene Sauna, Gaststätte *Schwemme. 95 Betten, Hechtstr. 10, Tel. 801 33 61, www.boofe.de, Straßenbahnen 7, 8, 13 Bischofsweg, 13 Bischofsplatz*

Hostel Kangaroo-Stop [117 D3]
Familientaugliche Unterkunft; Hostel, in dem sich auch Familien mit Kindern wohl fühlen können, ruhige Lage zwischen Bahnhof und Szeneviertel Äußere Neustadt. 2 Ferienwohnungen, Spielzimmer, Grillplatz im Garten. *80 Betten, Erna-Berger-Str. 8–10, Tel. 314 34 55, Fax 314 61 70, www.kangaroo-stop.de, S-Bahn, Straßenbahnen 3, 9 Bahnhof Neustadt* Insider Tipp

Hostel Mondpalast [117 E2]
★ Vom Einzelzimmer bis zum 10er-Schlafraum, alle kreativ gestaltet. Bar, Internetcafé, Rezeption 24 Std. *80 Betten, Louisenstr. 77, Tel. 563 40 50, Fax 563 40 55, www.mondpalast.de, Straßenbahnen 11 Pulsnitzer Straße, 13 Görlitzer Straße*

Jugendgästehaus Dresden [114 B4]
Jugendherberge nahe Zentrum, Dusche/WC im Zimmer oder auf dem Gang. *480 Betten, Maternistr. 22, Tel. 49 26 20, Fax 492 62 99, www.djh-sachsen.de, S-Bahn, Straßenbahnen 6, 7, 10, 12 Freiberger Straße, 12 Alfred-Althus-Straße*

Lollis Homestay [117 E2]
Hostel mit schönen Zimmern, z. T. mit Hochbetten. Internetzugang, kostenlose Fahrräder. *56 Betten, Görlitzer Str. 34, Tel. 810 84 58, Fax 646 52 50, www.lollishome.de, Straßenbahn 13 Alaunplatz*

Kopfüber in die Nacht

Große Oper, Kinos und Szenekneipen, jede Menge Theater und Party bis zum Morgen

Seinen guten Ruf als Kulturstadt verdankt Dresden vor allem der liebevoll gepflegten musikalischen Tradition. Mit dem 700 Jahre alten Kreuzchor wirkt hier einer der berühmtesten Knabenchöre der Welt, hier schrieb Carl Maria von Weber seine »deutsche Nationaloper«, den »Freischütz«, hier komponierten und dirigierten Heinrich Schütz, Richard Wagner und Richard Strauss. Doch Kreuzchor, Semperoper und Staatskapelle sind nur ein, wenn auch gewichtiger, Teil des kulturellen Lebens der Stadt. Die Sachsenmetropole gilt auch als ein guter Ort für Theater, Kabarett und Kino, für Rock'n'Roll und Jazz sowie für ausgelassene Partys – ohne Sperrstunde.

Das 2005 wiedereröffnete Kleine Haus des Staatsschauspiels bereichert das Theaterleben der Stadt, und mit dem Europäischen Zentrum der Künste Hellerau wird das Dresdner Erbe der Avantgarde wiederbelebt. In der sächsischen Landeshauptstadt hat zudem das Tanztheater in der Tradition von Mary Wigman und Gret Palucca ein Zuhause. Die Dresdner Kinolandschaft verdankt ihre Vielfalt dem

Strahlende Skyline bei Nacht – gesehen von der Carolabrücke

Politisch-literarisches Kabarett

Engagement von Enthusiasten – wo sonst gibt's ein Multiplex mit Programmkino-Anspruch? Als Mekka für Nachtschwärmer und Epizentrum der Clubkultur präsentiert sich die Äußere Neustadt. In der Louisen-, der Alaun- oder der Görlitzer Straße liegen Bars und Szenelokale dicht gedrängt, hier herrscht auch um vier Uhr nachts noch ausgelassenes Treiben. Wer kulturell auf dem Laufenden sein will, informiert sich mit den Stadtmagazinen »SAX« (am Kiosk) oder »Dresdner« (liegt in Läden und Kneipen aus).

BARS

Blue Note [117 E2]

★ Home of Jazz & Blues & Rock'n'Roll. Fast täglich Bands auf der kleinen Bühne der kultisch verehrten Bar. *Tgl. 20–5 Uhr, Görlitzer*

Abtanzen in der Dance Factory, Dresdens größter Disko

Str. 2 b, Tel. 801 42 75, www.bluenote-dresden.de, Straßenbahn 13 Görlitzer Straße

Classic American Bar **[115 D3]**
Exklusive Cocktailbar in Eiche und bordeauxfarbenem Leder. Internationales Flair, Cocktails und handgerollte Zigarren. Do–Sa Livemusik. *Tgl. 18–2 Uhr, Taschenberg 3, www.kempinski-dresden.de, Straßenbahnen 1, 2, 4, 8, 9, 11, 12, Busse 75, 94 Postplatz*

Frank's Bar **[117 E2]**
Extravagante Drinks in einer kleinen, feinen Cocktailbar. *Tgl. ab 19 Uhr, Alaunstr. 80, Tel. 658 88 80, www.franksbar.de, Straßenbahn 13 Alaunplatz*

Insider Tipp **Sidedoor** **[117 E3]**
Nachtschwärmertreff, gelegentlich mit Livemusik. *Tgl. ab 20 Uhr, Böhmische Str. 38, Tel. 0179/685 64 40, www.sidedoor-dresden.de, Straßenbahnen 11 Pulsnitzer Straße*

Sonderbar **[120 B2]**
Einige der besten Cocktailmixer der Stadt präsentieren ein Angebot von über 200 Drinks. *Tgl. ab 18 Uhr, Würzburger Str. 40, Tel. 471 95 95, www.sonderbar.de, Bus 82 Bamberger Straße*

CLUBS & DISKOS

Bärenzwinger **[115 E3]**
Studentenclub der ersten Stunde, unterhalb der Brühlschen Terrasse. Hof mit Glasdach. Konzerte, Partys, Filme. *Brühlscher Garten 1, Tel. 495 14 09, www.baerenzwinger.de, Straßenbahnen 3, 6, 7 Synagoge*

Dance Factory **[118 B2]**
Dresdens größte Disko. Mehrere Dancefloors: von Dance & House

über Hip-Hop und R 'n' B bis Diskohits. *Do–Sa ab 22 Uhr, Bautzner Str. 118, Tel. 802 00 66, www.factory-diskothek.de, Straßenbahn 11, Bus 91 Angelikastraße*

Down Town **[117 D2]**
70er-/80er-Jahre-Musik (Fr), Pop, House, Black Music (Sa). Ein erotisches Special: »Nasty Love Club« (Mo). *Fr/Sa ab 22, Mo ab 23 Uhr, Katharinenstr. 11–13, Tel. 811 55 92, www.downtown-dresden.de, Straßenbahnen 7, 8 Louisenstraße*

Insider Tipp **Gare de la lune** **[124 A1]**
Konzerte und Tanzveranstaltungen in einem schönen alten Ballsaal am Wachwitzer Elbufer. Mi Tangonacht. Im Sommer Biergarten mit Strandkörben. *Pillnitzer Landstr. 148, Tel. 267 85 54, www.gare-de-la-lune.de, Bus 83 Altwachwitz*

Katy's Garage **[117 D2]**
Club in ehemaligem Reifenservice. Abende für Indie Pop, Reggae, Beat. Mi »Älternabend« für Leute ab 30. *tgl. ab 20 Uhr, Alaunstr. 48/Ecke Louisenstr., Tel. 656 77 01, www.katysgarage.de, Straßenbahnen 7, 8 Louisenstraße, 13 Görlitzer Straße*

m.5 Nightlife **[115 E3]**
Nachtclub und Diskothek für »Tanzvergnügen mit Niveau«. *Do bis Sa ab 21 Uhr, Damen Eintritt frei, Münzgasse 5, im Hilton Hotel, Tel. 496 54 91, www.m5-nightlife.de, Straßenbahnen 1, 2, 4 Altmarkt*

Motown Club **[115 E5]**
Black Music Club mit DJ Abdulaye als Chef und Turntable-Meister. *Fr/Sa ab 21 Uhr, St. Petersburger Str. 9, Tel. 487 41 50, www.motown-club.de, Straßenbahnen 1–4, 6, 7, 12, Bus 82 Pirnaischer Platz*

Parkhotel **[119 E3]**
Partys im *Blauen Salon (Tel. 56 34 09 55, www.8seasons-dresden.de)*, größere Events im *Ballsaal*, u. a. im März der »Hutball« *(Tel. 284 93 69, www.hutball.de)*. Anfang 2006 wiedereröffnet: die legendäre *Kakadu-Bar (Fr/Sa ab 21 Uhr, Tel. 210 69 49, www.kakadubar.de). Bautzner Landstr. 7, Straßenbahn 11 Plattleite*

MARCO POLO Highlights »Am Abend«

★ **Semperoper**
Grandioser Bau, große Oper (Seite 78)

★ **Die Herkuleskeule**
Dresden lacht über sich und die Welt (Seite 77)

★ **Schauspielhaus**
Traditionsreiche Bühne (Seite 79)

★ **Blue Note**
Die Musikbar ist einfach Kult (Seite 73)

★ **Scheune**
Rock, Electro, Theater, Jazz, Kino, Hip-Hop (Seite 77)

★ **Schauburg**
Die Hochburg der Cineasten (Seite 78)

Unter der Kuppel der Yenidze werden »1001 Märchen« erzählt

Insider Tipp **Saloppe** [118 B3]
Sommerwirtschaft mit kleinem, kultigem Tanztempel und großem Biergarten. Happy Music im Grünen. *Mai–Okt., Brockhausstr. 1, Tel. 0172/353 25 86, www.saloppe.de, Straßenbahn 11 Wilhelminenstraße*

Strasse E [O]
Kulturzentrum mit mehreren Clubs in ehemaligen Industriehallen. Disko, House, Dark Wave, Reggae, Alternative. *Werner-Hartmann-Str. 2, Tel. 213 85 30, www.strasse-e.de, Straßenbahnen 7, 8 Industriegelände*

ENTERTAINMENT

Carte Blanche [117 E3]
Mozart, Madonna oder Milva – Travestierevue mit Sketchen, Parodien und Double-Shows. Vorstellungen Mi–So. Theaterrestaurant. *Prießnitzstr. 10, Tel. 20 47 20, www.carte-blanche-dresden.de, Straßenbahn 11 Diakonissenkrankenhaus*

Merlins Wunderland [O] Insider Tipp
»Lets talk about SAX« und »Merlins Zeitreise«: das Restauranttheater bietet ein Spektakel aus Bildern, Tönen und kulinarischen Genüssen. Karten vorab buchen. *Zschonergrundstr. 4, Tel. 421 99 99, www.merlins-wunderland.de, Bus 94 Zschonergrundstraße*

1001 Märchen [114 B1] Insider Tipp
Märchen für Erwachsene *(Mo, Do bis So)* und Kinder *(Sa/So)* unter der Glaskuppel der »Tabakmoschee« Yenidze. *Weißeritzstr. 3, Tel. 495 10 01, www.1001maerchen.de, Straßenbahn 9 Kongresszentrum, Bus 75 Heinz-Steyer-Stadion*

JAZZ & ROCK

Alter Schlachthof [116 C2]
Dresdens Konzertsaal Nr. 1. Größen aus Rock, Pop und Klassik, dazu Partys. *Gothaer Str. 11/Ecke Leipziger Str., Tel. 43 13 10, www.alter-*

schlachthof.de, Straßenbahnen 4 Alexander-Puschkin-Platz

Groove Station **[117 D2]**
Underground: Surf, Beat, Rockabilly, Garage Rock; jeden 1. Mo im Monat Open Mic Night (»offenes« Mikrophon). *Mo–Sa ab 19, So ab 16 Uhr, Katharinenstr. 11–13, Tel. 802 95 94, www.groovestation.de, Straßenbahnen 7, 8 Louisenstraße*

Jazzclub Neue Tonne **[115 E1]**
Traditionsreicher Jazzclub im Keller des Kulturrathauses. Konzerte, Vocal Nights, während des Semesters jeden Di Jam Sessions. *Königstr. 15, Tel. 802 60 17, www.jazzclubtonne.de, Straßenbahnen 6–8, 11 Albertplatz, 3, 4 Palaisplatz*

Scheune **[117 D2]**
★ Elektro, Rock, Hip-Hop, Jazz. Openair hinterm Haus: »Schaubudensommer« (Juli), »Schaubudenwinter« (Dez.). *Alaunstr. 36/40, Tel. 804 55 32, www.scheune.org, Straßenbahnen 7, 8 Louisenstraße, 13 Görlitzer Straße*

Insider Tipp **Star Club** **[0]**
Hier spielt die erste Liga der internationalen Independent-Szene. *Altbriesnitz 2 a, Tel. 421 03 02, www.starclub-dresden.de, Straßenbahnen 1, 12 Gottfried-Keller-Straße, Bus 94 Schunckstraße*

KABARETT & CABARET

Breschke & Schuch **[114 B3]**
Politische Satire, musikalisch-szenische Programme, Theater. *Wettiner Platz 10 (Eingang Jahnstraße), Tel. 490 40 09, www.kabarett-breschke-schuch.de, S-Bahn, Straßenbahnen 1, 2, 10, Busse 75, 90, 94 Bhf. Mitte*

Die Herkuleskeule **[114 B5]**
★ Die 1961 gegründete »Keule« war schon zu DDR-Zeiten ein Markenzeichen für freches politisches Kabarett. Bis heute begeistert das Ensemble mit provokanten Texten zur Lage der Nation von Autoren wie Wolfgang Schaller und Peter Ensikat. Die 350 Vorstellungen pro Jahr sind fast immer ausverkauft. Zum Ensemble gehörten einst auch Wolfgang Stumph und Uwe Steimle. *Sternplatz 1, Tel. 492 55 55, www.herkuleskeule.de, S-Bahn, Straßenbahnen 6, 7, 10, 12 Freiberger Straße*

Theaterkahn – Dresdner Brettl **[115 D2]**
Theater für Cabaret, Musik und Literatur auf einem alten Elbkahn. Im Repertoire u. a. Kästner, Tucholsky, Kreisler. *Terrassenufer an der Augustusbrücke, Tel. 496 94 50, www.theaterkahn-dresden.de, Straßenbahnen 4, 8, 11 Theaterplatz*

KINO

Filmnächte am Elbufer **[115 E2]**
Deutschlands schönstes Openairkino. Filme und Konzerte vor der grandiosen Kulisse der Altstadt. *Juni bis Sept., Königsufer, Tel. 89 93 20 (Veranstalter), Vorverkauf u. a. Tel. 84 04 20 02 oder 803 87 44, www.filmnaechte-am-elbufer.de, Straßenbahnen 3, 4, 8, 11 Neustädter Markt, 3, 6–8, 11 Carolaplatz*

Kristallpalast **[115 D5–6]**
Kino in spektakulärer Hülle; das benachbarte Rundkino harrt nach Hochwasserschaden eines wagemutigen Investors. *St. Petersburger Str. 26a, Tel. 482 58 25, www.ufa-dresden.de, Straßenbahnen 3, 6–9, 11 Walpurgisstraße*

Insider Tipp **Metropolis** [118 A2]
Multiplexkino für Anspruchsvolle. Im April Internationales Festival für Animations- und Kurzfilm. *Am Brauhaus 8, Tel. 816 67 21, www.metropolis-dresden.de, Straßenbahn 11, Bus 91 Waldschlösschen*

Programmkino Ost [123 E1]
Ambitioniertes Programm, intime Atmosphäre. Filmwochen. *Schandauer Str. 73, Tel. 310 37 82, www.programmkino-ost.de, Straßenbahnen 4, 10, Busse 85, 86 Altenberger Straße*

Schauburg [117 D2]
★ Drei Säle, Bar. Kino für Cineasten. Filmpremieren, Matineen. Im Sommer Hofkino. *Königsbrücker Str. 55, Tel. 803 21 85, www.schauburg-dresden.de, Straßenbahnen 7, 8, 13 Bischofsweg*

OPER, BALLETT & KONZERT

Kulturpalast [115 D4]
Mehrzweckbau von 1969, Festsaal mit 2400 Plätzen; Domizil der Dresdner Philharmonie. Internationales Dixielandfestival, Musikfestspiele, Gastspiele von Volksmusik bis Pop. *Schlossstr. 2, Tel. 486 66 66, www.kulturpalast-dresden.de, Straßenbahnen 1, 2, 4 Altmarkt*

Schloss Albrechtsberg [118 C3]
Im prächtigen Kronensaal finden Meisterkonzerte, Kammerkonzerte der Dresdner Philharmonie und Sonntagskonzerte mit jungen Musikern der Musikhochschule statt. Openair-Veranstaltungen im Römischen, Lesungen im Türkischen Bad. *Bautzner Str. 130, Tel. 811 58 21, www.schloss-albrechtsberg.de, Straßenbahn 11 Schloss Albrechtsberg*

Semperoper [114–115 C–D3]
★ Am 13. Februar 1985, dem 40. Jahrestag ihrer Zerstörung im Zweiten Weltkrieg, wurde die rekonstruierte Semperoper, heute das Haupthaus der Sächsischen Staatsoper Dresden, wiedereröffnet. Das Opernensemble und die Ballettcompagnie der Sächsischen Staatsoper haben einen ausgezeichneten Ruf. Mit der 1548 gegründeten Sächsischen Staatskapelle ist eines der ältesten Orchester der Welt hier zu Hause. Tickets, insbesondere für die klassischen Opern, sind schwer zu ergattern. Gute Chancen auf Restkarten gibt's bei modernen Werken oder Ballettaufführungen. Im Januar Semper-Opernball *(www.semperopernball.de)*

Die *kleine szene* **[117 F2]**, die Kammerbühne der Sächsischen Staatsoper, befindet sich im ehemaligen Haus der Tänzerin Mary Wigman. Hier gibt's Kammeropern und Tanzabende, experimentelles Musiktheater, Stücke für Kinder und Jugendliche. Insider Tipp

Programminfos und Tickets (auch schriftliche Kartenbestellungen) für Semperoper (Theaterplatz) und Kleine Szene (Bautzner Str. 107) beim Besucherdienst der Sächsischen Staatsoper in der Schinkelwache, Theaterplatz 2, Mo bis Fr 10–18, Jan.–März Sa 10–13, ansonsten – außer in der Spielzeitpause – Sa/So 10–16 Uhr, Restkartenverkauf (Semperoper) beginnt jeweils Mo für alle Aufführungen der dritten darauf folgenden Woche, Tel. 491 17 05 (Tickethotline), 491 17 18 (Gruppen), 491 17 77 (Restkarteninfo), www.semperoper.de, Straßenbahnen 4, 8, 11 Theaterplatz (Semperoper), 11 Nordstraße (kleine szene)

Staatsoperette **[124 A5]**
1947 gegründete, mittlerweile einzige selbstständige Operettenbühne im deutschsprachigen Raum. Spieloper, Operette, Musical. *Pirnaer Landstr. 131, Tel. 207 99 29, www.staatsoperette-dresden.de, Straßenbahn 1, Busse 73, 89 Altleuben*

THEATER

Europäisches Zentrum der Künste Hellerau **[0]**
Die einstige »Bildungsanstalt für Musik und Rhythmik« von Émile Jaques-Dalcroze – vor dem Ersten Weltkrieg Treffpunkt der Avantgarde – ist wieder auf dem Weg zu einem Zentrum der Moderne. Im Festspielhaus Veranstaltungen mit Theater, Musik, Tanz, neuen Medien. Im Oktober *Tage der zeitgenössischen Musik. Karl-Liebknecht-Str. 56, Tel. 26 46 20, www.kunstforumhellerau.de, Straßenbahn 8 Festspielhaus Hellerau*

Komödie **[114 A4]**
Sachsens größtes nicht subventioniertes Sprechtheater präsentiert Boulevardstücke, Komödien, Konzerte, Kabarett und Revuen. *Freiberger Str. 39 (im World Trade Center), Tel. 86 64 10, www.komoedie-dresden.de, S-Bahn, Straßenbahnen 6, 7, 10, 12 Freiberger Straße*

Societaetstheater **[115 E1]**
Von 1779 bis 1832 erstes bürgerliches Vereinstheater Deutschlands. Seit 1999 städtisches Kammertheater mit zwei Bühnen. Theater, Lesungen, Konzerte, Werkstatt-Projekte. *An der Dreikönigskirche 1 a, Tel. 803 68 10, www.societaetstheater.de, Straßenbahnen 3, 4, 8, 11 Neustädter Markt, 6–8, 11 Albertplatz*

Staatsschaupiel Dresden
Das ★ *Schauspielhaus* **[114 C3]**, die Hauptspielstätte des Staatsschauspiels, wurde 1911–13 im Dresdner Neobarock mit Jugendstilelementen erbaut, 1945 zerstört, 1948 wieder eröffnet. Das Repertoire besteht aus klassischen wie modernen Stücken. Das *Kleine Haus* **[115 F1]** (Insider Tipp) war Kneipe, Ballsaal, Kirche – und schließlich Theater. Am 10. Juli 1945 fand hier die erste Nachkriegsaufführung der Staatstheater Dresden statt, mit Erich Ponto als »Nathan der Weise«. Zeitgenössisches Theater und Kooperationen mit der Opernklasse der Musikhochschule. *Schauspielhaus: Theaterstr. 2 (Ostra-Allee), Kleines Haus: Glacisstr. 28, Karten für beide Häuser an der Vorverkaufskasse im Schauspielhaus, Mo–Fr 10–18.30, Sa 10–14 Uhr (außer in den Theaterfereien), Tel. 491 35 55, 491 35 67 (Gruppen), 491 35 70 (Spielplanauskunft), www.staatsschauspiel-dresden.de, Straßenbahnen 1, 2, 4, 8, 9, 11, 12, Busse 75, 94 Postplatz (Schauspielhaus), Straßenbahnen 6–8, 11 Albertplatz (Kleines Haus)*

Theater Junge Generation – TJG **[0]** (Insider Tipp)
Das Schauspieltheater bringt klassische und zeitgenössische Werke für ein zumeist junges Publikum auf die Bühne, das *Puppentheater* **[115 D5]** Stücke für Kinder und Erwachsene. *Schauspiel: Meißner Landstr. 4, Puppentheater: Rundkino Prager Straße, Tel. 429 12 20, www.tjg-dresden.de, Straßenbahnen 1, 12, Bus 94 Cossebauder Straße (Schauspiel), Straßenbahnen 3, 6–9, 11 Walpurgisstraße (Puppentheater)*

Wandern, Klettern, Staunen

Wilde Schluchten, spektakuläre Aussichten und beschauliche Orte

Diese Landschaft gehört zu den außergewöhnlichsten Deutschlands. Wer einmal ihre Felsen erklommen, ihre Täler und Schluchten durchstreift hat, muss ihr einfach verfallen – und wiederkommen. Wie einst die Schweizer Künstler Anton Graff und Adrian Zingg, die ab 1766 zu Fuß mit ihren Skizzenbüchern von Dresden elbaufwärts zogen. Die wildromantische Gebirgswelt, die sich ihnen hinter Pirna öffnete, erinnerte sie an die eigene Heimat – so kam die Sächsische Schweiz zu ihrem Namen. Begrenzt wird sie heute vom Gottleubatal im Westen, den Städtchen Hohnstein und Sebnitz im Norden und der deutsch-tschechischen Grenze im Süden und Osten. Jenseits der Grenze liegt die Böhmische Schweiz, die zusammen mit der Sächsischen das Elbsandsteingebirge bildet.

Ihren Ursprung hat die Felslandschaft in der Kreidezeit. Damals lag das Gebiet unter einem Kreidemeer, auf dessen Boden sich über Jahrmillionen eine 600 m mächtige Sandsteinplatte gebildet hatte. Aus dieser schufen Wasser, Eis und Wind nach dem Rückzug des Meeres stolze Tafelberge, zerklüftete Felsenriffe und bizarre Felsnadeln. Die Erosion hält an, zumeist kaum merklich, manchmal spektakulär. So lösten sich bei einem Felssturz am 22. November 2000 gegen Mittag 400 m^3 Gestein vom Wartturm, einem Kletterfelsen unterhalb der Bastei, und krachten in die Tiefe. Verletzt wurde zum Glück niemand.

Schrammsteingebiet im Herbst

1990 erklärte die letzte Volkskammer der DDR zwei rechtselbische Gebiete der Sächsischen Schweiz zum Nationalpark, 2000 kam ein angrenzendes Gebiet in der Böhmischen Schweiz hinzu. Die beiden sächsischen Teile haben Kernzonen, in denen die Natur zu ihrer Ursprünglichkeit zurückfinden soll und Wanderer deshalb die markierten Wege nicht verlassen dürfen. Das Wanderwegenetz in der gesamten Sächsischen Schweiz umfasst mehr als 1000 km in unterschiedlichen Schwierigkeitsgraden. Neben dem Wandern gehört das Klettern zu den beliebtesten Freizeitaktivitäten. Im gesamten Elbsandsteingebirge kann man Kletterer in den Felsen beobachten.

Anders als zu Zeiten von Graff und Zingg ist die Sächsische Schweiz heute von Dresden aus mit dem Auto oder der Bahn in einer knappen Stunde zu erreichen. Wer mehr Muße mitbringt, sollte den Schaufelraddampfer nehmen. Die Fahrt vom Dresdner Terrassenufer bis Bad Schandau – elbaufwärts rund 5, elbabwärts 3 ½ Stunden – ist ein Erlebnis. Während der Saison verbinden zudem »Nationalpark-Express« und »Bastei-Kraxler« *(Tel. 035021/676 14, Fahrplan unter www.frank-nuhn-freizeit-und-tourismus.de)* die wichtigsten Orte.

Wochenendausflügler und eine steigende Zahl von Touristen wissen die Schönheit der Landschaft wie auch das Angebot an reizvollen Übernachtungsmöglichkeiten und gemütlichen Gasthäusern zu schätzen und strömen ab Saisonbeginn auf den Königstein und die Bastei, nach Bad Schandau und in das Schrammsteingebiet.

Im August 2002 versanken die an der Elbe gelegenen Orte der Sächsischen Schweiz auf eine nie gesehene Weise in den Fluten des sonst so gemächlich dahinströmenden Flusses. Am schwersten getroffen wurden Bad Schandau, Königstein, Rathen und Wehlen sowie Pirna, das Tor zur Sächsischen Schweiz. Inzwischen sind die Schäden längst beseitigt, Zerstörtes ist – oft sogar besser als zuvor – wieder aufgebaut und das Elbsandsteingebirge mehr denn je ein lohnendes Ziel. Auch im Winter haben die Felsen ihren Reiz, die meisten touristischen Angebote gibt es jedoch zwischen Ostern und Ende Oktober.

Auskunft: Tourismusverband Sächsische Schweiz (Bahnhofstr. 21, 01796 Pirna, Tel. 03501/47 01 47, www.saechsische-schweiz.de) oder Nationalparkamt Sächsische Schweiz (An der Elbe 4, 01814 Bad Schandau, Tel. 035022/90 06 00, www.nationalpark-sächsische-schweiz.de).

Bad Schandau

[127 F5] Der zentrale Ferienort der Sächsischen Schweiz (3500 Ew.) mit seinen Ortsteilen Ostrau, Postelwitz, Krippen und Schmilka liegt nur 40 km oder eine knappe Stunde mit S-Bahn oder Auto von Dresden entfernt. Mit dem Dampfer braucht man über 5 Stunden. In dem idyllischen Elbstädtchen erholen sich seit Beginn des 19. Jhs. Kur- und Badegäste. Seit 1920 trägt Schandau den amtlichen Titel »Bad«, 1936 erfolgte die Ernennung zum »Kneippkurort«. Verdienste um die Entwicklung des Fremdenverkehrs erwarb sich der Hotelier Rudolf Sendig (1848–1928), auf dessen Namen man hier allenthalben stößt. Der Markt mit der Johanniskirche ist das Zentrum der Stadt. Die Markt-Südseite wird derzeit aus jahrelangem Dornröschenschlaf geweckt: Hier entsteht bis Frühjahr 2007 ein Hotelkomplex mit mehreren Geschäften. Bad Schandau verfügt über einen modernen Kur- und Bäderbetrieb und vielfältige touristische Angebote. Außerdem empfiehlt es sich als Ausgangspunkt für Touren durch das Kirnitzschtal, zum Kuhstall, in das Schrammsteingebiet und zum Großen Winterberg sowie zum Prebischtor jenseits der deutsch-tschechischen Grenze (Grenzübergang Schmilka–Hrensko). Auf der historischen Bahnstrecke der *Sächsischen Semmeringbahn (Fahrzeiten bei Tourist-Info im Bahnhof, Tel. 035022/412 47)* von Bad Schandau über Sebnitz nach

Neustadt fahren moderne Züge durch das romantische Sebnitztal und passieren dabei sieben Tunnel und 27 Brücken.

SEHENSWERTES

Historischer Personenaufzug

Mit dem 1904 von Rudolf Sendig erbauten Aufzug in einem frei stehenden, 50 m hohen Turm gelangt man auf die Ostrauer Scheibe mit ihren prächtigen Holzvillen. *Mai–Sept. tgl. 9–19, April und Okt. tgl. 9–18, Nov.–März Di–So 9–17 Uhr, Einzelfahrt 1,50 Euro*

Insider Tipp

Kirnitzschtalbahn & Lichtenhainer Wasserfall

Die elektrische Straßenbahn von 1898 fährt entlang der Kirnitzsch bis zur Endstation *Lichtenhainer Wasserfall (9.30–17.30 Uhr halbstündlich ab Bad Schandau, im Winter ca. alle 1,5 Std.)*. Neben dem Ausflugslokal gleichen Namens *(tgl., Dez.–März außer 25.12.–5.1. geschl., Tel. 035971/537 33, €)*, dessen Spezialität wacholder-heißgeräucherte Forelle ist, wird alle halbe Stunde ein Wehr aufgezogen, das den Lichtenhainer Bach zu einem Wasserfall macht.

Kuhstall

Vom Lichtenhainer Wasserfall führt ein Pfad bergan zum berühmten Felsentor. Hier hatten sich im Dreißigjährigen Krieg die Bauern samt Vieh versteckt. Toller Ausblick und *Gasthaus am Kuhstall (April–Okt. tgl. 10–17 Uhr, Tel. 035971/520 44, €)*, Wanderwege zum *Kleinen* (500 m) und *Großen Winterberg* (556 m).

Nationalparkhaus

Infozentrum mit Ausstellungen, Multivisionsshow, Café. *April–Okt. tgl. 9–18, Nov.–März Di–So 9–17, Café bis 21 Uhr, Dresdner Str. 2 b, Tel. 035022/502 30, www.saechsische-landesstiftung.de*

Pflanzengarten Bad Schandau

1902 eröffneter botanischer Garten mit typischen Pflanzen der Sächsischen Schweiz. Führungen. *März bis Okt. tgl. 8–19 Uhr, eine Station mit der Kirnitzschtalbahn*

St. Johanniskirche

Durch Brand zerstört, wurde die Stadtkirche am Markt bis 1709 wieder aufgebaut. Sehenswert die aus einem Block gearbeitete Sandsteinkanzel (1705) und der ursprünglich für die Dresdner Kreuzkirche gefer-

MARCO POLO Highlights »Sächsische Schweiz«

★ **Bastei**
Aussichtsfelsen hoch über der Elbe (Seite 84)

★ **Felsenbühne Rathen**
»Freischütz« vor Naturkulisse (Seite 91)

★ **Festung Königstein**
Lebendige Geschichte mit Ausblick (Seite 87)

★ **Pirna**
Der Marktplatz, wie ihn Canaletto malte (Seite 89)

tigte Renaissancealtar. Im Inneren neben dem Hauptportal Hochwassermarken: Im August 2002 stand das Wasser hier 3,40 m hoch.

ESSEN & TRINKEN ÜBERNACHTEN

Gasthaus & Hotel Zum Roten Haus

Traditionsreiche Gastwirtschaft. Apartments mit separatem Kinderzimmer. *Restaurant April–Okt. tgl. 11.30–22 Uhr, sonst So/Mo Ruhetag, 10 Zi., Marktstr. 10, Tel. 035022/423 43, Fax 406 66, www.hotel-zum-roten-haus.de,* €

Gasthof Zum Bären

Sächsisch-böhmische Küche und Nachtlager. *Restaurant Mo–Sa ab 17 Uhr, 10 Zi., Zaukenstr. 10, Tel. 035022/420 73, Fax 420 74, www.hotel-gasthof-zum-baeren.de,* €

Hotel Forsthaus

Liebevoll restaurierte Einkehr im Kirnitzschtal. Gute Hausmannskost. *Restaurant tgl. 11–21 Uhr, 29 Zi., Kirnitzschtalstr. 5 (Mittelndorf), Tel. 035022/58 40, Fax 58 41 88, www.weka-touristik.de,* €

Hotel Lindenhof

Mittelklassehotel am Eingang zum Kirnitzschtal. Bürgerliche Küche, *Restaurant Mo–Fr 15–22, Sa/So 12 bis 22 Uhr, 41 Zi., Rudolf-Sendig-Str. 11, Tel. 035022/48 90, Fax 489 12, www.lindenhof-bad-schandau.de,* €

Parkhotel

Villa Sendig und *Residenz Elbblick* im eigenen Park an der Elbe. *Königsvilla* mit Wintergartenrestaurant und historischem Ballsaal. Wellnessangebote. *Restaurant Mo–Fr 14–22, Sa/So 12–22 Uhr, 73 Zi., Rudolf-Sendig-Str. 12, Tel. 035022/520, Fax 522 15, www.parkhotel-bad-schandau.de,* €–€€

FREIZEIT & SPORT

Toskana Therme

Erlebnisbad mit Bade- und Saunalandschaft, Wellness, Beauty, Restaurants. Der Clou: »Liquid-Sound-Baden« in Licht und Musik. *Mo bis Do, So 10–22, Fr/Sa 10–24, bei Vollmond bis 2 Uhr, 2 Std. 11 Euro, Tel. 035022/546 10, Rudolf-Sendig-Str. 8 a, www.toskana-therme.de*

AUSKUNFT

Haus des Gastes

Markt 12, 01814 Bad Schandau, Tel. 035022/900 30, Fax 900 34, www.bad-schandau.de

BASTEI

[127 E4–5] ★ Über die *Schwedenlöcher*, einen von steilen Felswänden gesäumten Wanderweg, gelangt man vom Kurort Rathen zur berühmtesten Aussichtsplattform der Sächsischen Schweiz. 190 m erhebt sich der Basteifelsen über die Elbe. In luftiger Höhe kann man über die 1851 errichtete steinerne *Basteibrücke* bummeln, die Reste der *Felsenburg Neurathen* erkunden und dabei die Kletterer an Felsen mit Namen wie »Mönch«, »Höllenhund« oder »Lokomotive« beobachten. Wandermuffel nehmen von Lohmen oder Rathewalde die Zufahrt über die Basteistraße. *Begrenzte Parkplätze, Auffangparkplatz mit Shuttle-Service an der Tankstelle zwischen Lohmen und Rathewalde*

Insider Tipp

ESSEN & TRINKEN ÜBERNACHTEN

Berghotel & Panoramarestaurant Bastei

Atemberaubende Aussichten über das Elbtal vom Restaurant und auf die Felsen von vielen Zimmern und der Sauna. *Panoramarestaurant April–Okt. tgl. 10–23, Nov.–März 10–17, Hotelrestaurant bis 22 Uhr, 63 Zi., 01847 Lohmen/Bastei, Tel. 035024/77 90, Fax 77 94 81, www.bastei-berghotel.de,* €

HINTERHERMSDORF

[0] Knapp 20 km von Bad Schandau entfernt liegt das schmucke Dörfchen (750 Ew.) im deutsch-tschechischen Grenzgebiet (3 Grenzübergänge für Wanderer). 80 Umgebindehäuser aus dem 18. und 19. Jh. hat der Ort aufzuweisen. In einem befindet sich die *Waldarbeiterstube*, ein kleines Museum *(Mai bis Okt. tgl. 10–12, 13–17.30 Uhr, Eintritt frei, Spende erwünscht)* samt Bauerngarten mit vergessenen Blumen- und Kräuterarten. Ein besonderes Erlebnis ist eine Kahnfahrt auf der »Oberen Schleuse« *(April–Okt. 9.30–16.30, Sa/So 9–17 Uhr)* durch die *Kirnitzsch-Klamm*. Tolle Weitsicht vom 2001 errichteten *Weifbergturm*.

Insider Tipp

AUSKUNFT

Tourist-Information

Weifbergstr. 1, 01855 Hinterhermsdorf, Tel. 035974/52 10, Fax 52 11, www.hinterhermsdorf.de

HOHNSTEIN

[127 E4] Seine Entstehung und seinen Namen verdankt das Städtchen (3900 Ew.) am nördlichen Rand der Sächsischen Schweiz seiner Burg.

Im Abendlicht leuchtet Burg Hohnstein über den Dächern der Stadt

In Serpentinen windet sich die Straße vom Tal der Polenz bis hinauf zum Marktplatz. Hier und in den angrenzenden Gassen stehen schöne alte Fachwerkhäuser wie das *Rathaus* von 1688 und die 1721 erbaute ehemalige *Apotheke (Obere Str. 2, heute Bergsport Arnold)*. Die *Stadtkirche* wurde 1725–28 nach Plänen des Dresdner Ratszimmermeisters George Bähr erbaut. Ab 1928 wirkte auf der Burg und im *Puppenspielhaus (Max-Jakob-Straße)* der Puppenspieler Max Jakob, der den Hohnsteiner Kasper berühmt machte. Jedes Jahr im Mai findet das »Hohnsteiner Puppenspielfest« statt, seit 2005 informiert die *Traditionsstätte Handpuppenspiel (Rathausstr. 9, Tel. 035975/868 13)* über das Wirken Max Jakobs, und auch die original Hohnsteiner Handspielpuppen – Kasper, Teufel, Räuber – werden immer noch in Handarbeit gefertigt *(Firma Wolfgang Berger, Sachsenberg 6 a, Tel. 035975/816 57)*. Wanderwege führen von Hohnstein zur *Gautschgrotte*, in den romantischen *Schulzengrund* oder zu Aussichtspunkten wie der 1813 angelegten *Napoleonschanze* und dem *Brand*, dem »Balkon der Sächsischen Schweiz«. Im Frühjahr lohnt ein Besuch der *Märzenbecherwiesen* im Polenztal.

Insider Tipp

SEHENSWERTES

Burg Hohnstein

Auf einem nach drei Seiten frei stehenden Felsen enstand die Burg im 12./13. Jh. als Grenzfeste. Sie war Jagdschloss, Amtssitz und in düsteren Zeit eines der ersten Konzentrationslager der Nazis. Nach dem Krieg diente sie, wie schon 1926 bis 1933, als Jugendherberge. Heute *Naturfreundehaus (Tel. 035975/812 02, Fax 812 03, www.nfh.de/burg, €)* mit Übernachtungsmöglichkeiten, Aussichtsturm, Museum, Burggarten und -café.

ESSEN & TRINKEN ÜBERNACHTEN

Gasthof Rußigmühle

1848 gebaute Mühle; Hochzeitszimmer mit Himmelbett. *Restaurant Ostern–Okt. tgl. ab 11 Uhr, im Winter Mi/Do Ruhetag, 8 Zi., Polenztal 4, Tel. 035975/816 95, Fax 809 32, www.russigmuehle.de, €*

Hotel Zur Aussicht

Ruhige Lage, Blick auf Hohnstein, gutbürgerliche Küche. *Restaurant tgl. ab 11.30 Uhr, 15 Zi., Am Bergborn 7, Tel. 035975/870 00, Fax 87 00 44, www.hotel-zur-aussicht.de, €*

Parkhotel ambiente

Neues, modernes Wellnesshotel. Viele Paketangebote. *Restaurant tgl. 12–22 Uhr, 49 Zi., Waldstr. 26, Tel. 035975/86 20, Fax 86 21 13, www.hotelambiente.com, €*

AUSKUNFT

Tourist-Information

Rathausstr. 9, 01848 Hohnstein, Tel. 035975/868 13, Fax 868 29, www.hohnstein.de

KÖNIGSTEIN

[127 E5] Zu Füßen des Tafelbergs und der Festung gleichen Namens liegt das Städtchen (3000 Ew.) rund 30 km von Dresden entfernt an der

Von der Festung Königstein haben Sie einen herrlichen Blick auf die Elbe

B 172. Die S-Bahn vom Dresdner Hauptbahnhof braucht 45 Minuten, der Dampfer vom Terrassenufer 4 ½ Stunden. Der Ort mit seinen engen Gassen und einigen alten Fachwerkhäusern wird von der wuchtigen *Marienkirche* dominiert.

Königstein liegt an der Mündung der Biela in die Elbe. Der obere Teil des Bielatals mit seinen zerklüfteten Wänden, bizarren Türmen und Höhlen ist eine verwunschene Felslandschaft. Bequem von Königstein aus zu erreichen sind der *Quirl*, ein Felsmassiv mit dem größten Plateau und der größten Höhle *(Diebskeller)* der Sächsischen Schweiz. Funde aus der Bronzezeit belegen die frühe Besiedlung des benachbarten *Pfaffensteins*. An seinem Südzipfel steht mit der 43 m hohen Felsnadel *Barbarine* – der Sage nach eine versteinerte Jungfrau – eines der Wahrzeichen der Sächsischen Schweiz. Auf dem Felsplateau befinden sich ein Aussichtsturm von 1904 und die *Berggaststätte Pfaffenstein, (April–Okt. tgl. 11–18, Nov.–März Sa/So 11–16 Uhr, Tel. 035021/ 594 10, €)*, die auch vegetarische und vegane Kost bietet.

SEHENSWERTES

Festung Königstein

★ »Auf dem Stein des Königs« unterschrieb der böhmische König Wenzel I. 1241 die Oberlausitzer Grenzurkunde. Nach einer Episode als Kloster begann 1563 der Ausbau der mittelalterlichen Burg zur Landesfestung der Wettiner. In unruhigen Zeiten bot der nie eingenommene Königstein den sächsischen Herrschern samt Staatsschatz Zuflucht. Außerdem diente die Anlage als Kriegsgefangenenlager und Staatsgefängnis. Berühmte Insassen waren Johann Friedrich Böttger, Michail Bakunin und August Bebel. Als Gäste weilten Zar Peter I., Friedrich Wilhelm I. und Napoleon

Freies Klettern

Sachsen ist das Ursprungsland des »free climbing«

Der 6. März 1864 gilt als Geburtsstunde des sportlichen Felskletterns in der Sächsischen Schweiz. Fünf Turner aus Schandau bezwangen an jenem Tag den Falkenstein. Heute führen 18 500 Kletteraufstiege mit Schwierigkeitsgraden von I bis XII auf über 1106 Gipfel. Seit 1910 gelten in Sachsen die Grundsätze des »freien Kletterns« mit strikten Regeln: Die Fortbewegung darf nur mit eigener Körperkraft und ohne Hilfsmittel erfolgen. Seile sind lediglich zur Sicherung erlaubt. Das beliebte »Boofen« (Übernachten in Höhlen oder unter Felsvorsprüngen) ist streng reglementiert den Klettersportlern vorbehalten. *Infos: Sächsischer Bergsteigerbund (Könneritzstr. 33, Dresden, Tel. 0351/494 14 16, www.bergsteigerbund.de), Kletterausrüstung und -kurse u. a. bei Bergsport Arnold (Tel. 035022/423 72, www.bergsport-arnold.de), und Kletterschule Lilienstein (Tel. 035022/400 11, www.kletterschule-lilienstein.de).*

auf der Festung. Seit 1955 ist der Königstein ein militärhistorisches Freilichtmuseum. Nehmen Sie sich mindestens zwei Stunden Zeit zur Erkundung des 9,5 ha großen Areals (Führungen nicht eingeschlossen). Unbedingt empfehlenswert: Insider Tipp ein Rundgang entlang der 2,2 km langen *Brustwehr* mit *Friedrichsburg, Hungerturm* und phantastischen Ausblicken. Außerdem sehenswert: *Garnisonskirche* und *Altes Zeughaus, Georgen-* und *Magdalenenburg* sowie der älteste erhaltene deutsche Kasernenbau, die *Alte Kaserne* von 1589/90.

Verschiedene Wirtschaften bieten deftige Kost, Insider Tipp die Festungsbäckerei *(April–Okt. und Adventswochenenden)* himmlischen Kuchen aus dem Holzbackofen, der seinen stolzen Preis wert ist. *Kulinarische Zeitreisen* in den Kasematten *(nach Anmeldung: Tel. 035021/644 44, www.festung.com)*. Stimmungsvoller Weihnachtsmarkt Insider Tipp an den Adventswochenenden.

Mit dem Festungsexpress (April bis Okt. und Adventswochenenden) ab 9 Uhr halbstündlich von Königstein (Reißigerplatz) zum Parkplatz unterhalb der Festung, weiter mit der Bimmelbahn zum Eingang (Fahrstuhl); April–Sept. tgl. 9–20, Okt. 9–18, Nov.–März 9–17 Uhr, letzter Einlass eine Std. vor Schließung, www.festung-koenigstein.de

AUSKUNFT

Tourist-Information
Schreiberberg 2, 01824 Königstein, Tel. 035021/682 61, Fax 688 87, www.koenigstein-sachsen.de

LILIENSTEIN

[127 E5] In einem Elbknie gelegen, ragt der Tafelberg mit seinen bis zu

80 m hohen Felswänden majestätisch über seine Umgebung hinaus. Es bieten sich zwei Möglichkeiten, ihn zu erklimmen: von Königstein mit der Fähre über die Elbe, über die Ebenheit und den Königsteiner Aufstieg mit zahlreichen Stufen oder mit dem Auto über Waltersdorf bis zum Parkplatz am Fuß des Felsens und über den Nordaufstieg. Auf dem Gipfelrundweg (ca. 1 Std.) scheint einem die Welt zu Füßen zu liegen. Angefangen beim 65 m niedrigeren Königstein auf der anderen Elbseite bis hin zum Fernsehturm auf der Wachwitzhöhe im 30 km entfernten Dresden. *Felsgaststätte* und Reste einer Befestigungsanlage aus dem 14. Jh.

ESSEN & TRINKEN ÜBERNACHTEN

Felsgaststätte Lilienstein
Stärkung in luftiger Höhe. *April bis Okt. tgl. 10–19 Uhr, Tel. 035022/ 409 43,* €

Panoramahotel Lilienstein
In schöner Lage unterhalb des Liliensteins. Interessante Pauschalangebote. *Restaurant tgl. ab 10 Uhr, 33 Zi., Ebenheit 7, 01824 Königstein, Tel. 035022/531 00, Fax 531 10, www.hotel-lilienstein.de,* €

LOHMEN

[127 D–E4] Der Name des 1292 erstmals urkundlich erwähnten Ortes (3400 Ew.) geht auf das altslawische *lomu* (Steinbruch) zurück. Heute ist Lohmen ein idealer Ausgangspunkt für die Erkundung der vorderen Sächsischen Schweiz. Sandstein wird immer noch gewonnen, in jüngster Zeit u. a. für die Dresdner Frauenkirche. Die spätbarocke *Lohmener Kirche* (1789) ist die größte Dorfkirche der Sächsischen Schweiz. 2001 wurde die Sanierung des *Schlosses* beendet. An der Lochmühle im Liebethaler Grund steht seit 1933 ein bronzenes *Richard-Wagner-Denkmal.*

ESSEN & TRINKEN ÜBERNACHTEN

Landhaus Nicolai
Hotel & Restaurant, Zimmer teilweise mit Sonnenterrasse. Marmorbäder. *Restaurant tgl. 11.30–22 Uhr, 39 Zi., Basteistr. 122, Tel. 03501/581 20, Fax 58 12 88, www.sachsenhotels.de,* €

AUSKUNFT

Tourist-Information
Schloss Lohmen 1, 01847 Lohmen, Tel. 03501/58 10 24, Fax 58 10 42, www.lohmen-sachsen.de

PIRNA

[127 D4–5] ★ Das Tor zur Sächsischen Schweiz. Wer die Stadt (40 000 Ew.) auf der B 172 in Richtung Königstein und Bad Schandau nur streift, verpasst ein Kleinod. Von Kriegsschäden und Stadtbränden weitgehend verschont, finden sich in der historischen Altstadt alte Kaufmannshäuser mit prächtigen Giebeln, Erkern und Sitznischenportalen sowie reizvollen Höfen. Nehmen Sie sich Zeit für einen Stadtbummel und für einen Blick auf das *Engelserkerhaus (Barbiergasse 10)* und das *Teufelserkerhaus (Obere Burgstr. 1)*, das *Blech-*

schmidthaus (Niedere Burgstr. 1) oder die ehemalige *Löwen-Apotheke (Am Markt 17/18)*. Den wunderschönen Marktplatz mit *Rathaus, St. Marien* und dem *Haus Am Markt 7 (»Canalettohaus«)* kann man heute nahezu so erleben, wie ihn Bernardo Bellotto, genannt Canaletto, vor 250 Jahren in seinem Gemälde »Der Marktplatz zu Pirna« festgehalten hat. Der *Touristservice* bietet Stadtführungen, teils in historischen Kostümen *(Ostern bis Okt. Sa 10 Uhr ab Touristservice/Canalettohaus)*.

Napoleon und Goethe haben in der Stadt Spuren hinterlassen. Ein Gegenspieler Luthers, der Ablassprediger Johannes Tetzel, wurde in der Schmiedestraße Nr. 19 geboren. 1296 erstmals als Burganlage erwähnt, thront das *Schloss Sonnenstein* hoch über der Stadt. In der ehemaligen Heil- und Pflegeanstalt Sonnenstein ermordeten die Nationalsozialisten 1940/41 etwa 15 000 psychisch kranke und geistig behinderte Menschen. An diese Euthanasieverbrechen erinnert eine Gedenkstätte mit Ausstellung *(Mo bis Fr 9–15, jeden 1. Sa im Monat 10–15 Uhr, Schlosspark 11, Tel. 03501/71 09 60, www.stsg.de)*.

SEHENSWERTES

Landschloss Zuschendorf

Barockschloss im Seidewitztal (Ortsausgang Richtung Liebstadt); das Gebäude wird nur zu Veranstaltungen für Publikum geöffnet. Insider Tipp Botanische Sammlungen mit Kamelien, Azaleen, Hortensien, Efeu. Bonsaiausstellung. *März–Ende Herbstferien Di–Fr 10–18, Sa/So 10–17 Uhr, Eintritt 3 Euro, Am Landschloss 6, www.kamelienschloss.de*

Rathaus

1396 erstmalig erwähnt, war es im Laufe seiner Geschichte auch schon Domizil der Tuchmacher, Schuster, Bäcker und Fleischer. Nach mehrfachen Umbauten präsentiert es sich heute mit gotischen Portalen, Renaissance-Volutengiebeln und einem barocken Turm. Kunstuhr und Stadtwappen an der Ostseite. *Am Markt*

Stadtkirche St. Marien

Die spätgotische Hallenkirche mit ihren filigranen Stern- und Netzgewölben und der original erhaltenen Ausmalung wurde zwischen 1502 und 1546 (Turm 1466–79) errichtet. Sehenswert: der prächtige Renaissancealtar (1611–14) und der Taufstein. *Mo–Sa 11–17, So 16–18 Uhr, Kirchplatz*

MUSEUM

Stadtmuseum

Seit 1923 residiert das Museum im Kapitelsaalgebäude eines um 1300 gegründeten und im Zuge der Reformation aufgelösten Dominikanerklosters. Ausstellung zur Stadtgeschichte. Daneben die ehemalige *Klosterkirche St. Heinrich. Di–So 10–17 Uhr, Eintritt 3 Euro, Klosterhof 2–3*

ESSEN & TRINKEN ÜBERNACHTEN

Hotel Pirnaischer Hof

Familiengeführtes modernes Hotel hinter barocker Fassade. Galerierestaurant, Weinkeller, romantischer Innenhof. *Restaurant tgl., Weinkeller auf Absprache, 22 Zi., Am Markt 4, Tel. 03501/443 80, Fax 44 38 15, www.pirnaischer-hof.de,* €

Romantik Hotel Deutsches Haus
Komfort in einem schönen Renaissancehaus (»Blechschmidthaus«); mit Weinkeller und Cafégarten. *Restaurant Ostern–Okt. Mo–Fr ab 15, Sa/So ab 12, Nebensaison Mo–Fr ab 17, Sa/So ab 15, Weinkeller Di–So ab 18 Uhr, 40 Zi., Niedere Burgstr. 1, Tel. 03501/468 80, Fax 46 88 20, www.romantikhotel-pirna.de, €€*

AUSKUNFT

TouristService
Am Markt 7 (Canalettohaus), 01796 Pirna, Tel. 03501/465 70, Fax 46 57 15, www.pirna.de

RATHEN

[127 E4–5] Der Kurort (460 Ew.) unterhalb der Bastei ist eines der meistbesuchten Ausflugsziele in der Sächsischen Schweiz. Tagestouristen kommen in Oberrathen an, mit der S-Bahn (von Dresden 40 Min.) oder dem Auto (Anfahrt linkselbisch). Großer Parkplatz direkt an der Elbe; daneben Rathens neueste Attraktion: Die *Klangterrasse* beschallt Besucher mit Instrumentalmusik, und nach Einbruch der Dunkelheit bietet der *Lichterbrunnen* ein Schauspiel aus Wasser, Musik und Licht. Mit der denkmalgeschützten *Gierseilfähre* setzt man zur Niederrathener Elbseite über. In den Felsen oberhalb des Ortes ist die *Burg Altrathen* zu erkennen, Ende des 19. Jhs. auf den Resten einer romanischen Anlage errichtet. Von der Anlegestelle führt ein 20-minütiger Spaziergang zum aufgestauten *Amselsee*. Die Felsen lassen sich gut vom Ruderboot aus bestaunen *(Verleih Ostern bis Okt.)*. Folgt man dem Amselgrund, gelangt man zum *Amselfall* mit der Gaststätte *Baude Amselfall (April–Okt. tgl. 10–18 Uhr, Tel. 035975/812 26, €)* und der *Nationalpark-Infostelle Amselfallbaude (Mai–Sept. tgl. 10–17, April, Okt. tgl. 10–16 Uhr)*.

Per Fähre über die Elbe

Vom Amselgrund bergan geht es über die Schwedenlöcher zur *Bastei*. Die ★ *Felsenbühne Rathen* im Wehlgrund, eine Spielstätte der Landesbühnen Sachsen, gilt als »Europas schönstes Naturtheater«. Zum Repertoire gehören Webers »Der Freischütz« und Stücke nach Karl May *(Theaterkasse Mai–Sept. tgl. 9 bis 17, bei Abendvorstellungen bis 20.30 Uhr, Tel. 035024/77 70, Spielplan und Kartenvorbestellung auch unter Tel. 0351/895 42 14,*

Viele gute Gelegenheiten für Kletterer und solche, die es werden wollen

www.dresden-theater.de, von der Fähre 15 Min. Fußweg zur Kasse, dann weitere 10 Min. steiler Anstieg zur Bühne, für Ältere und Gehbehinderte Transport auf Anmeldung).

ESSEN & TRINKEN ÜBERNACHTEN

Amselgrundschlösschen
Das familiengeführte Haus liegt direkt am Eingang zum Amselgrund. *Restaurant tgl. 11–23 Uhr, 38 Zi., Amselgrund 3, Tel. 035024/743 33, Fax 744 44, www.sachsenhotels.de, €*

Hotel Elbschlösschen
Modernes Hotel, direkt an der Elbe. Großzügiger Wellnessbereich mit Pool. *Restaurant Ostern–Okt. tgl. 11–22, Nov.–März tgl. 14–22 Uhr, 66 Zi., Kottesteig 5, Tel. 035024/750, Fax 751 99, www.hotelelbschloesschen.de, €€*

AUSKUNFT

Haus des Gastes
Füllhölzelweg 1, 01824 Kurort Rathen, Tel. 035024/704 22, Fax 700 74, www.kurort-rathen.de

Stadt Wehlen

[127 E5] Das über 700 Jahre alte, von bewaldeten Hängen umgebene Elbstädtchen (1800 Ew.) bietet Urlaubern vor allem Ruhe und Entspannung. Vom *Burgberg* mit den Resten einer mittelalterlichen Burganlage hat man einen Ausblick auf den historischen Stadtkern mit Marktplatz und Rathaus. Wanderwege führen über die *Wilke-Aussicht* ins 2 km entfernte *Dorf Wehlen* oder durch den Uttewalder Grund zum *Steinernen Tisch*. Der Wehlener Sandsteinbruch lieferte u. a. Steine für den Wiederaufbau der Dresdner Frauenkirche.

SEHENSWERTES & MUSEEN

Heimatmuseum und Pflanzengarten
Orts- und Schiffsgeschichte. 1925 von Bergsteigern angelegter Garten mit 600 Pflanzen. *April–Okt. tgl. 10 bis 18 Uhr, Lohmener Str. 18, Eintritt 2 Euro*

Kleine Sächsische Schweiz
Auf 2000 m^2 zeigt die Miniaturschauanlage maßstabgerechte Nachbildungen von Sehenswürdigkeiten der Region. Schauwerkstatt *(April bis Okt. tgl. 9–18, 1.–3. Advent Sa/So 11–19 Uhr, Schustergasse 8, Tel. 035024/706 31, www.kleine-saechsische-schweiz.de)*. Gaststätte *Zur alten Säge (April–Okt. tgl. 11–22, Nebensaison 11–14, 17–22 Uhr, Tel. 035024/706 22, €)*.

Insider Tipp **Robert-Sterl-Haus**
Das original erhaltene Künstlerwohnhaus des Impressionisten und Lehrers der Dresdner Kunstakademie ist ein Museum und präsentiert seine Werke. *Mai–Okt. Do–So 10 bis 17 Uhr, Robert-Sterl-Str. 30, Struppen/OT Naundorf, Tel. 035020/702 16, www.robert-sterl-haus.de*

ESSEN & TRINKEN ÜBERNACHTEN

Strand Hotel Wehlen
Nichtraucherhotel zwischen Elbufer und Marktplatz. Turmzimmer mit Elb- und Basteiblick, Restaurant mit Elbterrasse. Außerdem Gästehaus *Wehlener Hof. Restaurant März–Okt. tgl. ab 11 Uhr, 30 Zi., Markt 9, Tel. 035024/784 90, Fax, 784 94 01, www.strandhotel-wehlen.de,* €–€€

AUSKUNFT

Tourist-Information
Markt 7, 01829 Stadt Wehlen, Tel. 035024/704 14, Fax 797 43, www.stadt-wehlen.de

Romantische Kulisse

Zu Fuß oder mit dem Rad unterwegs

Der »Malerweg« trägt diesen Namen, weil er einst von den Malern der Romantik gegangen wurde. Er führt von Dresden-Pillnitz durch den Liebethaler Grund, über Lohmen und Wehlen, die Bastei, Hohnstein und Bad Schandau, den Lichtenhainer Wasserfall und den Großen Winterberg bis zum Prebischtor im Böhmischen. Tipp: Benutzen Sie für die Wanderung (in Etappen!) einen historischen Reiseführer, etwa Carl Heinrich Nicolais »Wegweiser durch die Sächsische Schweiz« (1801, Reprint: Hellerau Verlag Dresden). Geführte Wanderungen bieten die Ranger der Nationalparkwacht von Ostern bis Ende Oktober an *(Infos: Tel. 035022/90 06 00, www.nationalpark-sächsische-schweiz.de)*. Der gut ausgebaute Elberadweg folgt dem Fluss von Schöna bis Dresden – und weiter bis Cuxhaven *(www.elberadweg.de)*.

Unterwegs in der Stadt am Fluss

Die Spaziergänge sind in der Karte auf dem hinteren Umschlag und im Cityatlas ab Seite 114 grün markiert

1 ZWINGER, SEMPEROPER, FRAUENKIRCHE

Der klassische Rundgang führt Sie zu den wichtigsten Sehenswürdigkeiten. Sie können ihn in drei Stunden absolvieren oder – wenn Sie z. B. mehrere Museen einbeziehen wollen – sich drei Tage Zeit nehmen. Die Museen im Zwinger sind am Montag, die im Residenzschloss am Dienstag geschlossen.

Starten Sie am *Zwinger (S. 26).* Dessen *Kronentor* war mit seiner charakteristischen Silhouette jahrzehntelang das Wahrzeichen Dresdens – eine Funktion, die künftig wohl wieder von der Frauenkirche übernommen wird. Von der Ostra-Allee kommend, treten Sie durch das Tor mit seiner von vier polnischen Adlern getragenen Königskrone in den *Zwingerhof* – und stehen inmitten einer prachtvollen barocken Anlage (1709–32), einst Schauplatz höfischer Feste. Der direkt vor Ihnen liegende *Semperbau* enstand 1847–55, beherbergt heute die weltberühmte *Gemäldegalerie Alte Meister (S. 43)* sowie die *Rüstkammer (S. 47)* und gewährt Teilen der *Galerie Neue Meister* während des Albertinum-Umbaus Asyl. Achten Sie zu Ihrer Rechten auf den *Glockenspielpavillon*, dessen Glockenspiel aus Meissener Porzellan zwischen Ostern und Dezember täglich um 10.15, 14.15 und 18.15 Uhr erklingt. Durch den *Wallpavillon* zur Linken gelangt man sowohl in das *Nymphenbad* Insider Tipp als auch auf die Dächer der Langgalerien. Wer an dieser Stelle einen Museumsbesuch einschieben möchte, sollte genug Zeit einplanen. Allein mit Raffael, Rembrandt & Co kann man einen ganzen Tag verbringen.

Von den Alten Meistern geht es direkt in das benachbarte stilvolle *Café & Restaurant* gleichen Namens auf ein leckeres Frühstück oder einen Kaffee. Zwischen Sempergalerie und *Semperoper (S. 25)* steht das von Ernst Rietschel geschaffene *Denkmal Carl-Maria von Webers.* Mit dessen »Freischütz« wurde die im Krieg zerstörte Oper nach dem Wiederaufbau am 13. Februar 1985 eingeweiht. Beim Besucher-

Im dichten Grün thronen die Elbschlösser am Hang

service der Semperoper in der *Schinkelwache (S. 78)* bekommen Sie mit etwas Glück Restkarten für einen Opernabend.

Von dem Rietschel-Schüler Johannes Schilling stammt das *Reiterstandbild König Johanns* auf dem Theaterplatz. Den einzigartigen Rahmen des Platzes bilden neben Schinkelwache, Semperoper und Gemäldegalerie Alte Meister das Residenzschloss, die Hofkirche und das *Italienische Dörfchen (S. 52)*. Letzteres erhielt seinen Namen in Erinnerung an die italienischen Bauleute, die an dieser Stelle einst lebten und Mitte des 18. Jhs. die katholische *Hofkirche* (seit 1980 Kathedrale Ss. Trinitatis, Eingang Schlossplatz, *S. 30*) errichteten. Gleich nebenan steht das *Residenzschloss (S. 23)*, ehemals Sitz der sächsischen Fürsten und Könige. Der Wiederaufbau des kriegszerstörten Schlosses hat in den letzten Jahren enorme Fortschritte gemacht. Gut zu sehen ist das von der Insider Tipp Aussichtsplattform des *Hausmannsturms* *(S. 24, April–Okt. Mi bis So 10–18 Uhr, Eingang Sophienstraße)*. Im Turm befinden sich zudem eine Ausstellung des Münzkabinetts sowie eine zum Bombenangriff auf Dresden im Februar 1945. Anschließend sollten Sie einen Blick in den *Stallhof (S. 23)* werfen, dann jedoch über die Augustusstraße weitergehen. Nehmen Sie sich ein paar Minuten Zeit für Dietrich den Bedrängten, Friedrich den Gebissenen und Georg den Bärtigen: Der *Fürstenzug (S. 21)*, Ahnengalerie der Wettiner und mit fast 1000 m^2 das größte Porzellanbild der Welt, schmückt die Außenseite des *Langen Gangs*. Am Ende der sich anschließenden Straße zwischen dem *Hilton Hotel (S. 68)* und dem neu erbauten Quartier an der Frauenkirche stehen Sie unvermittelt vor der überwältigenden *Frauenkirche (S. 29)*. Deren Besichtigung, einen Aufstieg auf die Kuppel und einen Bummel über den angrenzenden wieder entstehenden Neumarkt sollten Sie sich nicht entgehen lassen. Im *Treffpunkt Galerie Frauenkirche* am Coselpalais können Sie Souvenirs und Veranstaltungskarten erwerben. Für eine Rast empfehlen sich die Restaurants in der Münzgasse oder das *Grand Café und Restaurant im Coselpalais (S. 52)* zu Füßen der Frauenkirche. Nach dem Passieren der Kunstakademie lohnt ein Abstecher in die Kasematten der *Festung Dresden* Insider Tipp *(S. 38)*. Danach führt der Weg am Georg-Treu-Platz die Treppe hinauf vorbei am derzeit im Umbau befindlichen *Albertinum* zur *Neuen Synagoge (S. 31)* am Hasenberg. Das moderne Bauwerk entstand an der Stelle der von den Nationalsozialisten am 9. November 1938 zerstörten Synagoge Gottfried Sempers. Auch hier gibt es Gelegenheit zur Einkehr. Das *Café Schoschana* Insider Tipp *(So–Do 12–18 Uhr)* im angrenzenden Gemeindezentrum offeriert orientalischen Kaffee und leckeres jüdisches Gebäck. Zurück geht es über die *Brühlsche Terrasse (S. 37)*, vorbei an der *Kunstakademie*, der *Sekundogenitur* und dem *Ständehaus*. Beenden Sie Ihren Stadtrundgang mit der Aussicht auf die *Augustusbrücke* und das Neustädter Elbufer, die Elbe und die Dampfer der *Sächsischen Dampfschifffahrt (S. 28)*. Oder schließen Sie – bei entsprechender Zeit und Kondition – gleich noch den im Folgenden beschriebenen Spaziergang Nr. 2 an.

Den Schlossplatz beherrscht die Silhouette der Hofkirche

2 BAROCKE BÜRGERHÄUSER UND LEBENDIGE SZENE

Die meisten Touristen bleiben auf der Altstädter Seite – und verpassen ein wichtiges Stück Dresden. Trauen Sie sich, überqueren Sie auf der Augustusbrücke die Elbe und besuchen Sie (für zwei Stunden oder länger) die Neustadt. Denn: »Hier geht Dresden weiter!«

Folgen Sie von der Augustusbrücke kommend August dem Starken – als *Goldener Reiter (S. 22)* stadtauswärts unterwegs – hinein in die *Hauptstraße*, einen von Platanen beschatteten Fußgängerboulevard. Nach 200 m stoßen Sie zur Linken auf die liebevoll sanierten Bürgerhäuser Nr. 9–19, deren Erdgeschosse zur *Kunsthandwerker-Passage (S. 61)* mit zahlreichen Läden umgestaltet wurden: eine gute Gelegenheit zum Einkauf von Dresden-typischen Mitbringseln! Die Hauptstraße Nr. 13 beherbergt das *Kügelgenhaus – Museum der Dresdner Romantik (S. 48)*. In dem dahinter liegenden Hof befindet sich das *Societaetstheater (S. 79)* samt Restaurant *L'Art de Vie (S. 53)*. Wie wäre es mit einem Kaffee auf der Terrasse? Frisch gestärkt unternehmen Sie von hier aus einen Streifzug durch die anschließenden Straßen und Gassen, deren stolze Bürgerhäuser den Krieg und die DDR überlebt haben und nun nach der Restaurierung erahnen lassen, was Dresden einmal war. Mit dem vornehmen *Hotel Bülow Residenz (S. 68)*, mit Galerien, Modeboutiquen und Restaurants ist in den vergangenen Jahren Leben in das einzige noch erhaltene barocke Wohn- und Geschäftsviertel Dresdens zurückgekehrt.

Insider Tipp

Zurück von Ihrem Abstecher in die Seitenstraßen gehen Sie, vorbei an der *Dreikönigskirche (S. 29)* – von deren Turm Sie einen schönen Blick auf die Stadt haben –, in die *Königstraße*. Die hat sich zu Dresdens sympathischer Nobelmeile gemausert. Werfen Sie beim Einkaufsbummel einen Blick in einen der lauschigen *Höfe (Nr. 3 oder 15)*.

Es empfiehlt sich, diesen Spaziergang erst am späten Nachmittag zu unternehmen. Dann nämlich können Sie anschließend auf der Haupt- oder auf der Königstraße gleich weitergehen, am Albertplatz die Bautzner Straße überqueren und auf der Alaunstraße in das Nachtleben des Kneipen- und Szeneviertels *Äußere Neustadt (S. 34)* eintauchen. Wer darauf keine Lust hat, steigt am Albertplatz in die Straßenbahn und fährt zum Ausgangspunkt zurück.

3 ELBAUFWÄRTS: VON DER CITY ZUM BLAUEN WUNDER

Auf den rund 6 km elbaufwärts – von der City bis zum »Blauen Wunder« – kommt man dem Lebensgefühl dieser Stadt vielleicht am nächsten. Sollten Sie Ihren Ausflug bei sehr warmem Wetter planen, nehmen Sie eine Flasche Wasser mit. Unterhalb des Elbhangs kann es recht heiß werden. Grundsätzlich ratsam ist festes Schuhwerk – ein Teil der Strecke besteht aus holprigem Pflaster. Dauer: ca. 4 Std.

Sie haben für den Nachmittag noch nichts vor? Dann schlendern Sie doch über die Augustusbrücke hinüber zur Neustädter Seite, steigen hinab zum Elbufer und wandern gemütlich elbaufwärts. Auf halbem Weg zwischen Augustus- und Carolabrücke sollten Sie allerdings erst einmal zurückschauen und das Panorama mit Brühlscher Terrasse, Frauenkirche, Hausmannsturm, Hofkirche und Semperoper bewundern. An dieser Stelle des Königsufers, unterhalb des Finanzministeriums, kreuzt der Weg im Sommer das Veranstaltungsgelände der *Filmnächte am Elbufer (S. 77)*. Vor der angestrahlten Kulisse der Dresdner Altstadt läuft hier zwischen Ende Juni und Anfang September Deutschlands schönstes Openair-Kinofestival. Hinter der Carolabrücke passiert man die *Sächsische Staatskanzlei*. Wenige Schritte weiter zieht der 1902 aufgestellte bronzene *Bogenschütze* von Ernst Moritz Geyger die Blicke auf sich. An der nun folgenden Albertbrücke lohnt sich – allerdings nur am Samstag und jeden 3. Sonntag im Monat – ein Abstecher auf die andere Elbseite zum dortigen Trödelmarkt. Rechtselbisch beginnt direkt hinter der Brücke der *Rosengarten (S. 33)*. Ein Tipp für den Sommer: Holen Sie sich im *Kaffee Rosengarten (italienisch, tgl. 11–24 Uhr)* eine Kugel Eis. Weiter geht es über die Mündung der Prießnitz und vorbei an der Elbfähre zur Johannstadt. Auf dem Körnerweg kann man – durch viel Grün hindurch – hochherrschaftliche Stadtvillen erspähen, darunter das *Palais Marcolini* (heute Restaurant *Marcolini (tgl. ab 12 Uhr, Tel. 862 78 00, €€)*. Links über dem nun ansteigenden Elbhang fällt der Blick auf das rekonstruierte Hauptgebäude des Waldschlösschenareals mit dem *Brauhaus am Waldschlösschen (S. 53)*. An dieser Stelle soll nach dem Willen der meisten Dresdner Politiker und Bürger bald eine neue Elbquerung entstehen, die *Waldschlösschenbrücke (S. 15)*. Vor der *Salop-*

Insider Tipp

pe, dem ersten Dresdner Wasserwerk (1871–75), führt die Brockhausstraße den Hang hinauf zur Insider Tipp *Sommerwirtschaft Saloppe (S. 76)* und zur Bautzner Straße. Der Körnerweg verläuft unterhalb der drei *Elbschlösser (S. 20)* weiter. Sandsteinmauern und Bäume erlauben aber nur vereinzelte Durchblicke. Ein Gedenkstein in Form einer Sandsteinkugel erinnert an den Oberlandbaumeister Wolf Caspar Klengel (1630–91), den Neustadtplaner und Elbwiesenretter. Rechts daneben befindet sich ein unscheinbares Tor zum *Heilstättenweg*, der bergan zum *Weißen Hirsch* führt. Weiter auf dem ab hier beschwerlichen (und für Fahrräder kaum geeigneten) Körnerweg passiert man *Dinglingers Weinberg*, ab 1692 Sommerwohnsitz des Goldschmieds Johann Melchior Dinglinger.

Das *»Blaue Wunder« (S. 27)*, also die Loschwitzer Brücke, in Sichtweite, erreichen Sie nun die ersten Loschwitzer Häuser. In der Nr. 6 lebte der Vater des Dichters Theodor Körner. Eine Tafel erinnert an den Besuch Friedrich Schillers, der 1785–87 im Gartenhaus der Familie Körner, gleich um die Ecke in der heutigen Schillerstr. 19, an seinem »Don Carlos« schrieb.

Angekommen am verkehrsreichen *Körnerplatz (S. 38)*, können Sie durch die angrenzenden Straßen des alten Loschwitzer Dorfkerns bummeln und sich in einem der Cafés oder Restaurants stärken. Zurück ins Stadtzentrum geht es zu Fuß über das »Blaue Wunder« und ab Schillerplatz mit der Straßenbahn (6, 12). Oder sie fahren mit der *Standseilbahn (S. 29)* zum *Luisenhof (S. 54)*, genießen bei Kaffee und Kuchen den Blick vom *Balkon Dresdens* und nehmen dann die Straßenbahn 11 (Bautzner Straße/Plattleite).

Den Ausflug von der City zum »Blauen Wunder« und zum Körnerplatz kann man auch gut mit dem Fahrrad unternehmen. Dafür empfiehlt sich jedoch der linkselbische Elberadweg, der zudem einen tollen Blick auf die dann gegenüberliegenden Elbschlösser bietet.

Das »Blaue Wunder« verbindet Loschwitz und Blasewitz

Schlösser, Wein, Karl May

Noch ein Grund mehr für einen Dresden-Besuch: die reizvolle Umgebung

BURG STOLPEN

[127 E3] Die Burg liegt 25 km östlich von Dresden. Mit dem Auto über die B 6 (am Fischbacher Kreisverkehr rechts, zwei Burgparkplätze) oder mit dem Bus 261 ab Dresden Albertplatz (35 Min.). Halbtagstour

Weithin sichtbar erhebt sich die *Burg* über die Stadt Stolpen und das Lausitzer Bergland. Die mittelalterliche Grenzfeste, 1222 erstmals urkundlich erwähnt, wurde auf einem Basaltberg errichtet. Berühmtheit erlangte die Burg als Verbannungsort von Anna Constantia Reichsgräfin von Cosel, der ehrgeizigen Mätresse Augusts des Starken. Sieben Jahre war sie »Gemahlin zur Linken«, brachte vier gemeinsame Kinder zur Welt. In Ungnade gefallen, wurde die Cosel am Heiligabend 1716 zur Burg Stolpen gebracht, wo sie nach 49 Jahren Gefangenschaft starb. Zu besichtigen sind u.a. die Gemächer der Cosel im Johannisturm, ihre Grabstelle in der Burgkapelle und eine Folterkammer. *April–Okt. tgl. 9–17, Nov.–März außer bei Schnee und Eis tgl. 10–16 Uhr, Führungen nach Anmeldung, Eintritt 3 Euro, Tel. 035973/234 10, Schlossstr. 10, www.burg-stolpen.de*

Porzellan-Manufaktur Meissen

MEISSEN

[126 A2] ★ Die Porzellanstadt Meißen liegt 25 km westlich von Dresden. Mit dem Auto über die B 6 (Parkplätze an der Elbe), mit der S-Bahn S1 ab Dresden Hbf. (40 Min.) oder mit dem Dampfer ab Dresden Terrassenufer (2 Std.). Tagestour

Die über 1000 Jahre alte Stadt ist die Wiege des Herrschergeschlechts der Wettiner. Hoch über der Elbe thront die spätgotische *Albrechtsburg.* 1470–1524 errichtet, gilt sie als der erste Schlossbau im deutschsprachigen Raum. Sehenswert sind der Große Wendelstein, kunstvolle Gewölbe und historisierende Ausmalungen aus dem 19. Jh. Vielfältige Veranstaltungen, Ausstellungen, Mittelalterfeste. *März–Okt. tgl. 10 bis 18, Nov.–Feb. 10–17 Uhr, 10. bis 31. Jan. geschl., Führungen, Eintritt 3,50 Euro, Kombiticket mit Dom*

5,50 Euro, Domplatz 1, Tel. 03521/ 470 70, www.albrechtsburg-meissen.de

Der benachbarte *Dom zu Meißen* ist ein Meisterwerk der Spätgotik, die beiden markanten Westtürme wurden jedoch erst 1908 vollendet. Nicht verpassen sollten Sie den Kreuzgang, die Begräbniskapelle der Wettiner und das Altartryptichon von Lukas Cranach d. Ä. *April bis Okt. tgl. 9–18, Nov.–März 10–16 Uhr, Eintritt 2,50 Euro, Kombiticket mit Albrechtsburg 5,50 Euro, Turmführungen April–Okt. 13–16 Uhr stündlich, Orgelmusik Mai–Okt. Mo bis Sa 12 Uhr, Domkonzerte Mai bis Okt. Sa 18 Uhr, Domplatz 7, Tel. 03521/45 24 90, www.dom-zu-meissen.de*

Zentrum der mittelalterlichen Stadt ist der *Marktplatz* mit dem spätgotischen Rathaus und der Frauenkirche samt Porzellanglockenspiel. Im fast 500 Jahre alten *Restaurant Vincenz Richter* wird Rebensaft vom eigenen Weinberg kredenzt *(Di–Sa 12–23, So 12–17 Uhr, An der Frauenkirche 12, Tel. 03521/45 32 85, www.vincenz-richter.de, €€).*

Domizil der 1710 gegründeten Porzellan-Manufaktur Meissen war zunächst die Albrechtsburg. Seit 1865 wird das »weiße Gold« mit den gekreuzten blauen Schwertern im Meißner Triebischtal produziert *(2005 erweitertes Museum, Schauhalle und -werkstadt, Verkauf, Café und Restaurant, Mai–Okt. tgl. 9–18, Nov.–April 9–17 Uhr, Kombiticket 8 Euro, Talstr. 9, Tel. 03521/46 82 08, www.meissen.de, Bus C, City-Bus Porzellan-Manufaktur).* Noch zerbrechlicher, doch weitaus preiswerter sind die Meißner Fummel *(ab 2 Euro, Konditorei Zieger, Rote Stufen 5),* ein luftiges, zerbrechliches Gebäck, mit dem die Dresdner Kurfürsten einst den Weinkonsum ihrer Kuriere kontrollierten.

Tourist-Information Meißen, Markt 3, 01662 Meißen, Tel. 03521/ 419 40, www.touristinfo-meissen.de

MORITZBURG

[126 B2] ★ Das Jagdschloss liegt 13 km nördlich vom Dresdner Stadtzentrum. Mit dem Auto über die Großenhainer Straße und Moritzburger Landstraße (Parkplatz am Schlossteich), mit den Linienbussen 326 und 457 ab Dresden/Bhf. Neustadt (25 Min.) oder mit der Schmalspurbahn ab Radebeul-Ost (30 Min.). Tagesausflug

Inmitten eines künstlich angelegten Teiches liegt das Barockschloss Moritzburg mit seinen vier imposanten Rundtürmen. Ab 1723 ließ August der Starke eine zwei Jahrhunderte zuvor von Herzog Moritz errichtete Anlage in ein Jagd- und Lustschloss verwandeln – nach Plänen seines Lieblingsarchitekten Pöppelmann. In den weitgehend unveränderten Räumen sind barocke Möbel, kostbare Ledertapeten sowie eine beeindruckende Sammlung von Jagdtrophäen zu bewundern. Nach 19 Jahren Restaurierung kann das legendäre *Moritzburger Federzimmer* wieder besichtigt werden. Das Prachtbett und die Wandteppiche Augusts des Starken wurden Anfang des 18. Jhs. aus Zehntausenden von Federn gefertigt. Außerdem: ein lauschiger Park, ein *Schlossrestaurant (tgl. ab 10*

In den Farben des sächsischen Barocks: Schloss Moritzburg

Uhr, Tel. 035207/814 82, €€) und Insider Tipp romantische Übernachtung in einem der Teichhäuschen *(Mai bis Okt.). April–Okt. tgl. 10–17.30, Nov./Dez., Feb./März Di–So 10 bis 16, Jan. Sa/So 10–16 Uhr stdl. Rundgänge, Eintritt 6 Euro, Tel. 035207/873 18, www.schloss-moritzburg.de*

Zu seinen Hengstparaden begrüßt das *Sächsische Landgestüt Moritzburg* an drei Wochenenden im September alljährlich über 30 000 Zuschauer. *Eintritt 5–15 Euro (Karten vorbestellen!), Schlossallee 1, Tel. 035207/89 01 06, www.landwirtschaft.sachsen.de/sgv*

Im *Rüdenhof* verbrachte Käthe Kollwitz die letzten Monate bis zu ihrem Tod im April 1945. Heute erinnert das Insider Tipp *Käthe-Kollwitz-Haus* an Leben und Werk der bedeutenden Künstlerin *(April–Okt. Mo–Fr 11 bis 17, Sa/So 10–17, Nov.–März Di bis Fr 12–16, Sa/So 11–16 Uhr, Meißner Str. 7, Tel. 035207/828 18, www.kollwitz-moritzburg.de).* Das *Wildgehege* mit Muffel-, Rot- und Damwild, Wölfen, Elchen und Luchsen liegt an der Straße nach Radeburg *(März–Okt. tgl. 10–18, Nov./Dez. 9–16, Jan./Feb. nur Sa/So sowie in den sächsischen Winterferien 9–16 Uhr, Eintritt 2,50 Euro).* Die traditionsreiche *Churfuerstliche Waldschaenke (tgl. 11–22 Uhr, 33 Zi., Große Fasanenstraße, Tel. 035207/86 00, Fax 860 93, €€)* nahe dem Großteich mit Mole und Leuchtturm bietet Quartier für die Nacht und exzellente Küche.

Tourist-Information Moritzburg, Schlossallee 3 b, 01468 Moritzburg, Tel. 035207/85 40, www.kulturlandschaft.moritzburg.de

RADEBEUL

[126 B3] 7 km nordwestlich vom Dresdner Stadtzentrum liegt Radebeul, das Sie im Rahmen einer Halbtags- oder Tagestour (z. B. in Kombination mit einer Schmalspurbahnfahrt nach Moritz-

Sächsisches Staatsweingut Schloss Wackerbarth in Radebeul

burg) besuchen können. Mit dem Auto über die Leipziger Straße, mit der Straßenbahn 4 oder mit der S-Bahn S1 ab Dresden Hbf. (20 Min.).

Gleich hinter der Dresdner Stadtgrenze beginnt Radebeul, die Karl-May-Stadt an der Sächsischen Weinstraße. Starten Sie mit einem Besuch des *Karl-May-Museums*. Die *Villa Shatterhand*, das Wohnhaus Karl Mays, gibt Einblicke in Leben und Werk des Schriftstellers, die *Villa Bärenfett* im Garten des Anwesens präsentiert eine völkerkundliche Ausstellung über die Indianer Nordamerikas *(März–Okt. Di–So 9–18, Nov.–Feb. 10–16 Uhr, Eintritt 6 Euro, Karl-May-Str. 5, Tel. 837 30 10 www.karl-may-museum.de)*. Das Grab Karl Mays befindet sich auf dem nahen Friedhof Radebeul-Ost. Im Mai finden die Karl-May-Festtage statt.

Mit seinen Weinbergen an den sonnigen Hängen der Lößnitz ist Radebeul ein Zentrum des sächsischen Weinanbaus. Im September wird hier ein großes Herbst- und Weinfest gefeiert. Das *Weingutmuseum Hoflößnitz* mit Weinberg und 1650 gebautem Berg- und Lusthaus informiert über die Geschichte eines der kleinsten Weinanbaugebiete Deutschlands. Der hier produzierte Ökowein kann in der *Weinstube Hoflößnitz* probiert werden. *Weingutmuseum und Weinladen Di–Fr 10–13, 14–18, Sa/So 10–18 Uhr, Eintritt 2,30 Euro, Tel. 83 98 33 35, Weinstube Di–Sa ab 17, So ab 12 Uhr, Tel. 833 68 76, Knohllweg 37, www.hofloessnitz.de*

Graf Wackerbarth, Minister Augusts des Starken, ließ um 1730 in den Radebeuler Weinbergen einen Alterswohnsitz errichten. Heute ist *Schloss Wackerbarth* Sächsisches Staatsweingut mit modernem Besucherzentrum und Gasthaus. *Tgl. 9.30–20 Uhr, Eintritt frei, Genuss-*

tour Wein tgl. 14, Genusstour Sekt tgl. 17 Uhr, an Wochenenden 12 bis 17 Uhr zu jeder vollen Stunde, 9 Euro inkl. Verkostung, Gasthaus tgl. 12–22 Uhr, Wackerbarthstr. 1, Tel. 895 50, www.schloss-wackerbarth.de

Seit 1884 verkehrt der »Lößnitzdackel«, eine dampfbetriebene Schmalspurbahn, von Radebeul-Ost über Moritzburg nach Radeburg *(ganzjährig, tgl.)*. Zwischen April und Dezember gibt es auch Insider Tipp Sonderfahrten mit dem historischen Traditionszug *(Traditionsbahn Radebeul e. V., Tel. 213 44 61, www.traditionsbahn-radebeul.de)*.

Wer den Ausflug abends in Radebeul beschließen will, sollte *Altkötzschenbroda* besuchen, einen Dorfanger mit alten Häusern und gemütlichen Weinlokalen.

Tourist-Information Radebeul, Meißner Str. 152, 01445 Radebeul, Tel. 895 41 20, www.radebeul.de

SCHLOSS WEESENSTEIN

[127 D5] Das 15 km südöstlich von Dresden gelegene Schloss Weesenstein können Sie im Rahmen einer Halbtagstour besuchen. Mit dem Auto über die B 172 oder mit der S-Bahn S1 ab Dresden Hbf. bis Heidenau (25 Min.), umsteigen in die Müglitztalbahn (10 Min.). Tipp: Nehmen Sie sich einen ganzen Tag Zeit und verbinden den Ausflug mit einem Besuch des nahen Barockgartens Großsedlitz (20 Min. Fußweg vom S-Bahnhof Heidenau-Großsedlitz).

Auf einem Felsen steht hoch über dem Tal der Müglitz und dem Örtchen Weesenstein das Schloss mit seinem imposanten Turm. Die Anlage wandelte sich von der um 1200 gegründeten wehrhaften Feste zum repräsentativen Landadelssitz mit Zeugnissen aus 700 Jahren Baugeschichte. Bedeutendster Schlossbesitzer war der Dante-Übersetzer König Johann von Sachsen (1801–73). Entdecken Sie bei einem Rundgang die barocke Schlosskapelle, herrschaftliche Wohnräume und historische Tapeten. Der 1780 zu Füßen des Schlosses angelegte *französische Park* wurde während des Müglitzhochwassers 2002 zerstört. Er wird bis 2007 rekonstruiert, der schlossnahe Teil ist bereits wieder zugänglich. Es gibt Schlossführungen, Konzerte, Ausstellungen und ein Mittelalterfest zu Pfingsten. Das *Schlosscafé (Tel. 035027/54 41, €)*, die *Königliche Schlossküche (Tel. 035027/624 18, €€)* und die *Schlossbrauerei (Tel. 035027/ 420 04, €)* sorgen für das leibliche Wohl. *April–Okt. tgl. 9–18, Nov. bis März 10–17 Uhr, Eintritt 4,50 Euro, Am Schlossberg 1, Müglitztal/OT Weesenstein, Tel. 035027/626 29, www.schloss-weesenstein.de*

Empfehlenswert ist ein Abstecher zum wenige Kilometer entfernten Barockgarten Großsedlitz **[127 D5]**, einer ab 1719 nach Plänen von Knöffel, Pöppelmann und Longuelune angelegten, weitläufigen Parkanlage mit Friedrichschlösschen, Oberer und Unterer Orangerie, mit Treppen, Wasserspielen und Skulpturen. *April–Sept. tgl. 8–20, Okt. 8–18, Nov.–März 8–16 Uhr, Eintritt 2,60 Euro, Heidenau, Parkstr. 85, 03529/56 39 19, www.barockgarten-grosssedlitz.de. Parkcafé* im Friedrichschlösschen *(Ostern–Okt. tgl. 10–18 Uhr, Tel. 03529/57 45 24, €)*.

Angesagt!

Events, Meetings und Aktionen, die Sie kennen und nicht verpassen sollten!

Be a Star

Eine wachsende Zahl begeisterter Sänger und Sängerinnen wie auch Zuhörer versammelt sich jeden 1. Montag im Monat zur »Blue Note Open Mic Night« mit Band in der *Groove Station (S. 77)*. Anmeldung unter *www.bluenote-dresden.de*.

Nachtskaten

Erst hört man die Musik, dann sieht man sie kommen – wenn Freitagnacht Dresdens Skater en masse unterwegs sind, ist das wie eine Party auf Rädern. Und es geht dabei mitten durch die Stadt; die Polizei sorgt für Sicherheit und Straßensperrung. *April–Okt. Fr ab 19 Uhr Treffpunkt an der Halfpipe Lingnerallee, Start 21 Uhr, www.nachtskaten-dresden.de*

American Football

Von Mai bis September beherrschen die *Dresden Monarchs* das sportliche Stadiongeschehen. Immerhin spielen sie in der German Football League, der höchsten deutsche Liga. Stets dabei: Shows, DJs und Cheerleader. *Rudolf-Harbig-Stadion, www.dresden-monarchs.de*

Floß ahoi!

Eine Flussfahrt die ist lustig – vor allem mit diesem »schwimmenden Partyzelt«. Bis zu 16 Personen können auf Roman Kreisels Eigenbau-Katamaran-Floß namens »Druschba« (russisch: »Freundschaft«) mitten durch das Welterbe-Elbtal schippern oder zur Abenteuertour in die Sächsische Schweiz aufbrechen. *www.flossexpedition.de*

Hutball

Inzwischen kommen selbst Gäste aus Übersee, um sich dieses gesellschaftliche Highlight im *Parkhotel* nicht entgehen zu lassen. Zwei wohl behütete Nächte: Fr festlicher Ball, Sa die wilde Party. *Hutball und Party zum Hutball, Mitte März, Parkhotel, www.hutball.de*

Chillout Club

Das Donnerstag-Clubbing-Special. Die Sommervariante im *Elbsegler* bietet Dancefloor, Liegestühle und Massagepavillon – inklusive Canaletto-Blick. Im Winter oder bei Regen geht's ins *Arteum*. Hier wartet man mit Après-Ski-Bar und diversen Lounges auf. *Mai–Sept. Elbsegler, Okt.–April Arteum, Do ab 21 Uhr, www.feiern-deluxe.de*

Von Anreise bis Wetter

Hier finden Sie kurz gefasst die wichtigsten Adressen und Informationen für Ihre Dresden-Reise

ANREISE

Auto

Autobahn: von Berlin über die A 13, von Görlitz oder Jena, Eisenach, Aachen über die A 4. Nehmen Sie von Westen die Abfahrt *Altstadt*, von Norden *Hellerau*. Bundesstraßen: von Bautzen oder Meißen über die B 6 , von Zinnwald/Tschechien über die B 170, von Pirna bzw. aus der Sächsischen Schweiz über die B 172, von Freiberg über die B 173.

Bahn

Züge im Fernverkehr halten am Hauptbahnhof (derzeit Umbau nach Plänen des britischen Architekten Norman Foster) und/oder am Bahnhof Neustadt. Direkte ICE-Verbindung nach Frankfurt am Main. *Reiseservice: Tel. 118 61, www.bahn.de*

Flugzeug

Flughafen mit modernem Terminal in Dresden-Klotzsche, 9 km nördlich der City. Ab hier S-Bahn S 2 halbstündlich (bis Hauptbahnhof 22 Min.) Eigene Autobahnabfahrt (A4/A13), *Flughafenauskunft: Tel. 881 33 60, www.dresden-airport.de*

AUSKUNFT

Tourist-Information

Stadtinfos, Zimmer, Stadtrundfahrten, Veranstaltungstickets, Souvenirs, Pauschalarrangements. *Tel. 49 19 21 00 (allgemeine Infos), 49 19 22 22 (Zimmerreservierung), 49 19 22 33 (Kartenvorverkauf), www.dresden-tourist.de*

– Pavillon Prager Straße (nahe Hotel Mercure Newa) **[114–115 C–D6]**, *Mo–Fr 10–18, Sa 10–16 Uhr, S-Bahn, Straßenbahnen 3, 6–11, Busse 72, 76 Hauptbahnhof/Hbf.-Nord*

– Schinkelwache am Theaterplatz **[115 D3]**, *Mo–Fr 10–18, Sa/So 10 bis 16 Uhr, Straßenbahnen 4, 8, 11 Theaterplatz*

FAHRRAD

Das Radwegenetz könnte besser sein, und im Großen Garten darf man nur auf den asphaltierten Wegen fahren. Ideal für Radtouren: Der Elberadweg *(www.elberadweg.de)*, durchgängig von der tschechischen Grenze bis zur Nordsee. Tipp: Fahren Sie mit der S-Bahn bis Schöna und mit dem Rad durch die Sächsische Schweiz bis Dresden (ca. 45 km). Fahrradverleih:

Kundenservice Hauptbahnhof (Tel. 461 32 62) und Neustädter Bahnhof (Tel. 461 56 06), 7 Euro/Tag

INTERNET

Informative Seiten: *www.dresden.de, www.dresden-tourist.de, www.dresden-neustadt.de, www.sz-online.de, www.cybersax.de*

INTERNETCAFÉS

– Haus des Buches (4. Etage), Dr.-Külz-Ring 12, Tel. 49 73 60, Mo–Fr 9.30–20, Sa 9.30–18 Uhr, 5 Computerplätze, 15 Min. 1 Euro, Straßenbahnen 8, 9, 11, 12, Busse 75, 82 Prager Straße

– Internet Telecafé, Böhmische Str. 3, Tel. 810 35 34, Tel. 10–24 Uhr, 5 Telefonzellen, 12 Computerplätze, 1 Std. 2 Euro, Straßenbahnen 6–8, 11 Albertplatz

– Mondpalast (Hostel & Bar), Louisenstr. 77, Tel. 563 40 50, Tgl. 8–2 Uhr, 5 PC-Plätze, 15 Min. 1 Euro, Straßenbahn 11 Pulsnitzer Straße

LITERATURTIPPS

Über seine Kindheitsjahre in Dresden berichtet Erich Kästner in dem Buch »Als ich ein kleiner Junge war«. Fritz Löfflers Band »Das alte Dresden« gilt als Standardwerk für architekturgeschichtlich Interessierte; Victor Klemperers »Curriculum Vitae 1881–1918« sowie die »Tagebücher 1933–1945 und 1945 bis 1959« sind die Lebenszeugnisse eines Dresdner Juden.

NOTRUFE

Polizei *Tel. 110*
Feuerwehr/Rettungsdienst *Tel. 112*
Ärztlicher Notdienst *Tel. 192 92*

ÖFFENTLICHER NAHVERKEHR

Bahn und Bus
Das Netz der Dresdner Verkehrsbetriebe umfasst 12 Straßenbahn- und 27 Buslinien. Einzeltickets *1,70 Euro*, Viererkarten (Normal/Kurzstrecke) *6,50/4,50 Euro*, Tages- und Familientageskarten *4,50/5,50 Euro*. Anruf-Linientaxi *(Tel. 857 11 11)*, Taxi-Rufservice *(22–4 Uhr beim Fahrer von Straßenbahn/ Bus)*. S-Bahn- und Busverbindungen ins Dresdner Umland. *Dresdner Verkehrsbetriebe (DVB) Tel. 857 10 11, www.dvb.de, Verkehrsverbund Oberelbe (VVO) Tel. 0180/ 22 66 22 66, www.vvo-online.de*

Was kostet wie viel?

Kaffee	**2–2,50 Euro** Latte macchiato im Café
Stollen	**16–20 Euro** Rosinenstollen, 2 kg
Bier	**2,50–3,50 Euro** 0,5 l Radeberger Pilsner
Kuchen	**2 Euro** Stück Eierschecke im Café
Velotaxi	**ca. 7,50 Euro** 30-Minuten-Tour
Frauenkirche	**8 Euro** Kuppelaufstieg

Bergbahnen **[119 E4]**
Standseilbahn: Körnerplatz–Weißer Hirsch, *Mo–Do 6.30–20.30, Fr 6.30–23, Sa 8–23, So 8–20.30 Uhr.* Schwebebahn: Körnerplatz–Oberloschwitz, *tgl. ca. 9–20 Uhr (im Winter kürzer) alle 10–15 Min., Einzelfahrt 3 Euro, Zwölferkarte 20 Euro*

Elbfähren
Johannstadt–Neustadt **[117 F3]**, Kleinzschachwitz–Pillnitz (Autofähre) **[125 D6]**, Niederpoyritz–Laubegast **[124 B2]**. *Personen 0,90 Euro, PKW 2,90 Euro*

Schiffe
Die Dampfer der *Sächsischen Dampfschiffahrt* verkehren von Dresden elbabwärts bis Diesbar/ Seußlitz und elbaufwärts bis Bad Schandau und ab Pirna bis Decin (Tschechien). 18 Anlegestellen, Tickets einfache Fahrt 4,70–20 Euro (bis Pillnitz z. B. 9,20). Außerdem Schlösserrundfahrt, Jazz & Dixielandfahrten, Sommernachtsfahrten mit Tanz und Büfett, am 1. Mai Dampferparade und an einem Wochenende im August Flottenparade. *Sächsische Dampfschiffahrt, Fahrscheine/Abfahrt Terrassenufer, Auskunft: Tel. 86 60 90, www.saechsische-dampfschiffahrt.de*

PARKEN

In der Innenstadt gibt es so gut wie keine kostenfreien Plätze. Ausreichend gebührenpflichtige in der Altstadt, wenige in der Neustadt; ein Parkleitsystem zeigt freie Plätze an. *Preise: 0.50–1,50 Euro/Std.* Tipp: Trotz Zentrumsnähe gibt's fast immer freie Plätze in den Parkhäusern *Semperoper* und *Wiener Platz/Hbf.* (Altstadt) sowie *Theresienstraße* (Neustadt).

STADTBESICHTIGUNGEN

Rundfahrten, Gästeführer und Gruppenprogramme buchen Sie bei der Dresdner *Tourist-Information (Tel. 49 19 21 40, www.dresden-tourist.de)*. Thematische Führungen – zu Fuß, mit Bus oder Rad – veranstaltet *Igeltour Dresden (Tel. 804 45 57, www.igeltour-dresden.de)*. Am Steuer eines Trabant können Sie mit *Trabi-Safari (Tel. 89 90 01 10, www.trabi-safari.de)* die Stadt erkunden. Ballonfahrten über Dresden und Umgebung *(ab 180 Euro, z. B. ab Elbwiesen)* bietet u. a. *Ballonsport und Luftwerbung Dresden (Tel. 470 65 74, www.ballon-sport-dresden.de)*. Rundflüge *(ab 59 Euro)* mit *Fliegerservice »August der Starke«* ab Flughafen Dresden-Klotzsche *(Tel. 881 55 55, www.flieger-august.de)*.

Touren mit dem *Roten Doppeldecker (ab 13 Euro, Abfahrt Postplatz)* und mit der *Hamburger Hummelbahn (auf Bestellung): Tel. 494 04 04, www.stadtrundfahrt-dresden.de.* An 22 Haltestellen beliebig oft Ein- und Aussteigen *(ein Tag 18, zwei Tage 26 Euro)* können Sie bei der *Stadtrundfahrt Dresden (Tel. 899 56 50, www.stadtrundfahrt.com)*.

TAXI & RIKSCHA

Funktaxi Dresden (Tel. 21 12 11), Taxi, Limousinen- & Chauffeurservice, Velotaxi 8 mal 8 (Tel. 88 88 88 88), Rikscha-Service (Tel. 803 07 70)

TELEFON

Vorwahl für Dresden: *0351*

TICKETS

– *Tourist-Information Dresden, Schinkelwache Theaterplatz/Pavillon Prager Straße, Tel. 49 19 22 23, www.dresden-tourist. de*
– *saxTicket, Schauburg/Seiteneingang, Königsbrücker Str. 55, Tel. 803 87 44, www.saxticket.de*
– *Konzertkasse im Florentinum, Tel. 86 66 00, www.konzertkasse-dresden.de*

Wetter in Dresden

	Jan.	Feb.	März	April	Mai	Juni	Juli	Aug.	Sept.	Okt.	Nov.	Dez.
Tagestemperaturen in °C	1	3	8	14	18	23	24	24	20	14	7	3
Nachttemperaturen in °C	–3	–3	0	4	8	12	14	13	10	6	2	–1
Sonnenschein Std./Tag	2	3	4	5	7	7	7	7	5	4	2	2
Niederschlag Tage/Monat	9	9	8	10	11	11	10	9	8	9	9	11

Cityatlas Dresden

Die Seiteneinteilung für den Cityatlas finden Sie auf dem hinteren Umschlag dieses Reiseführers

Kartenlegende Cityatlas

Autobahn Motorway	Autoroute Autosnelweg
Schnellstraße Multilane divided motorroad	Route à chaussées séparées Autoweg met gescheiden rijbanen
Bundesstraße National road	Route nationale Nationale weg
Hauptstraße Main road	Route principale Hoofdweg
Straßentunnel Road tunnel	Tunnel routier Galleria
Fuß-, Feld-, Waldweg Foot-, field-, woodpath	Sentier, chemin rural, -forestier Voetpad, landweg, bospad
Treppe - Fußgängerzone Steps - Pedestrian zone	Escalier - Zone piétonne Trap - Voetgangerzone
Einbahnstraße One way street	Voie à sens unique Straat met eenrichtingsverkeer
Eisenbahn mit Bahnhof Railway with station	Chemin de fer avec gare Spoorweg met station
S- Bahn mit Station Rapid transit with station	Train rapid avec gare Stadspoor met station
U-Bahn mit Station Underground with station	Métro avec station Ondergrondse spoorweg met station
Straßenbahnlinie mit Endstelle Tramway with terminus	Ligne de tram avec terminus Tramlijn met eindpunt
Buslinie mit Endstelle Bus route with terminus	Ligne d'autobus avec terminus Buslijn met eindpunt
Fluss mit Fähre River with ferry	Rivière avec bac Rivier met veerboot
Bebauung, öffentliches Gebäude Industriegelände Built-up area, public building Industrial area	Terrain bâti, bâtiment public Terrain industriel Woongebied, openbaar gebouw Industriegebied
Park, Wald - Friedhof Park, wood - Cemetery	Parc, bois - Cimetière Park, bos - Begraafplaats
Quelle - Wasserbehälter Spring - Reservoir	Source - Reservoir d'eau Bron - Waterreservoir
Parkplatz - Parkhaus Car park - Parking house	Parking - Bâtiment parking Parkeerplats - Parkeergarage
Kirche - Denkmal Church - Monument	Eglise - Monument Kerk - Monument
Synagoge - Moschee Synagogue - Mosque	Synagogue - Mosquée Synagoge - Moskee
Feuerwache - Krankenhaus Fire brigade - Hospital	Poste de pompiers - Hôpital Brandweer - Ziekenhuis
Polizeiwache - Post Police - Post office	Police - Bureau de poste Politie - Postkantoor
Jugendherberge - Campingplatz Youth hostel - Camping site	Auberge de jeunesse - Camping Jeugdherberg - Camping
Turm - Funkturm Tower - Radio tower	Tour - Tour radio Toren - Zendemast
Hervorragende Bäume Outstanding trees	Arbes isolés Markante bomen
Mühle - Wassermühle Windmill - Watermill	Moulin à vent - Moulin à eau Windmolen - Watermolen
Stadtspaziergänge Walking tours	Promenades en ville Wandelingen door de stad

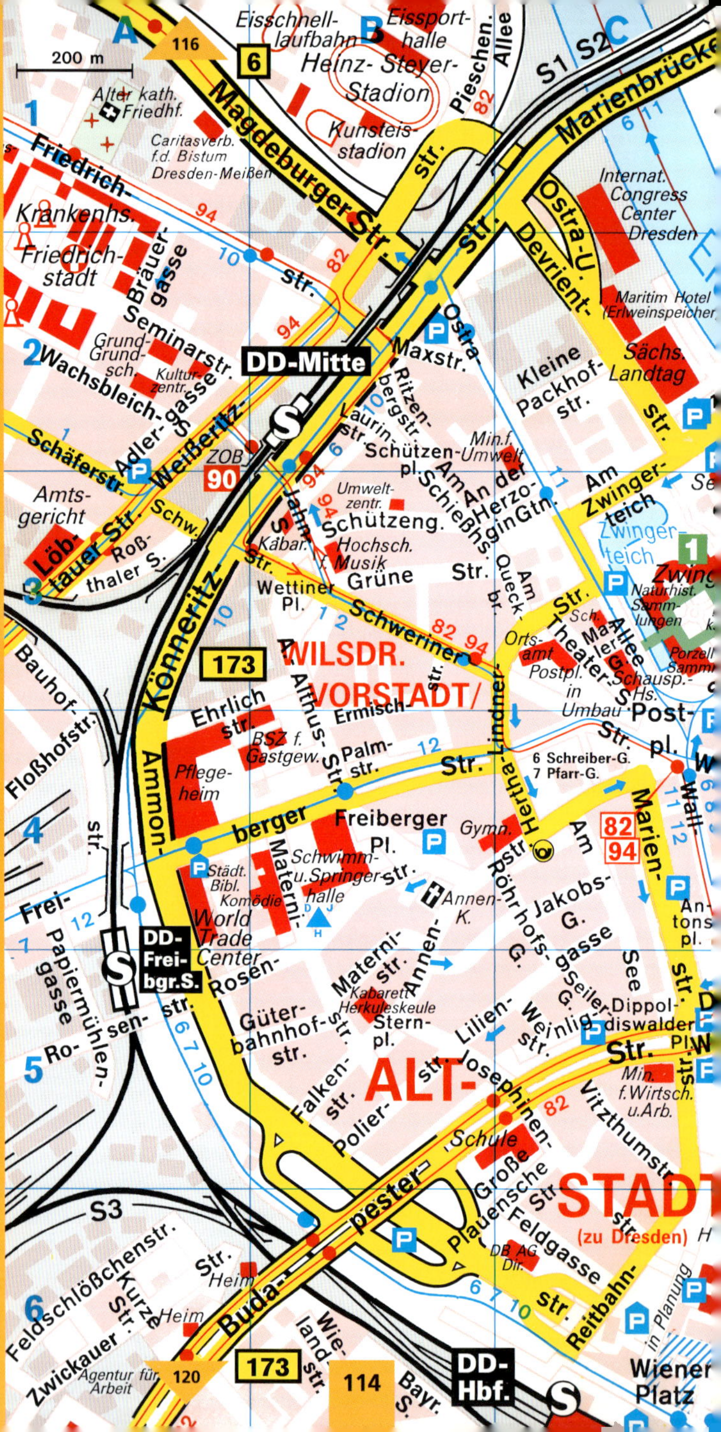

200 m
Alter kath. Friedhf.
Caritasverb. f.d. Bistum Dresden-Meißen
Friedrich-Krankenhs.
Friedrichstadt
Friedrichstr.
Bräuergasse
Seminarstr.
Grund-sch.
Kultur-zentr.
Wachsbleichstr.
Adlergasse
Weißeritzstr.
Schäferstr.
ZOB
Amtsgericht
Löbtauer Str.
Roßthaler S.
Schw.
Eisschnelllaufbahn
Eissporthalle
Heinz-Steyer-Stadion
Kunsteisstadion
Magdeburger Str.
Pieschen. Allee
Marienbrücke
Internat. Congress Center Dresden
Ostra-U.
Devrientstr.
Maritim Hotel (Erlweinspeicher)
Sächs. Landtag
DD-Mitte
Ostra-Allee
Maxstr.
Ritzenbergstr.
Laurinstr.
Kleine Packhofstr.
Schützenpl.
Min.f. Umwelt
Am Schießhs.
An der Herzogin Gtn.
Am Zwingerteich
Zwingerteich
Zwinger
Naturhist. Sammlungen
Porzell. Samml.
Umweltzentr.
Jahnstr.
Kabar.
Schützeng.
Hochsch. f. Musik
Grüne Str.
Wettiner Pl.
Schweriner Str.
Am Queckbr.
Theaterstr.
Ortsamt Postpl. in Umbau
Marienstr.
Sch. Schausp.-Hs.
Postpl.
Wallstr.
Könneritzstr.
WILSDR. VORSTADT/
Althusstr.
Ermischstr.
Ehrlichstr.
BSZ f. Gastgew.
Palmstr.
Pflegeheim
Bauhofstr.
Floßhofstr.
Ammonstr.
Freiberger Str.
Freiberger Pl.
Hertha-Lindner-Str.
6 Schreiber-G.
7 Pfarr-G.
Gymn.
Am Marienstr.
Antonspl.
Städt. Bibl.
Komödie
World Trade Center
Schwimm- u. Springerhalle
Maternistr.
Annen-K.
Röhrhofsg.
Jakobsgasse
Seestr.
Freiberger Str.
Papiermühlengasse
Rosenstr.
DD-Freibgr.S.
Gūterbahnhofstr.
Kabarett Herkuleskeule
Sternpl.
Annenstr.
Lilienstr.
Weinligstr.
Seilergasse
Dippoldiswalder Pl.
Falkenstr.
Polierstr.
Josephinenstr.
ALT-STADT (zu Dresden)
Min. f. Wirtsch. u. Arb.
Vitzthumstr.
Schule
Große Plauensche Str.
Feldgasse
Budapester Str.
DB AG Dir.
Reitbahnstr.
in Planung
Wiener Platz
S3
Feldschlößchenstr.
Kurze Str.
Heim
Zwickauer Str.
Agentur für Arbeit
Wielandstr.
Bayr. S.
DD-Hbf.
116
6
173
90
120
114

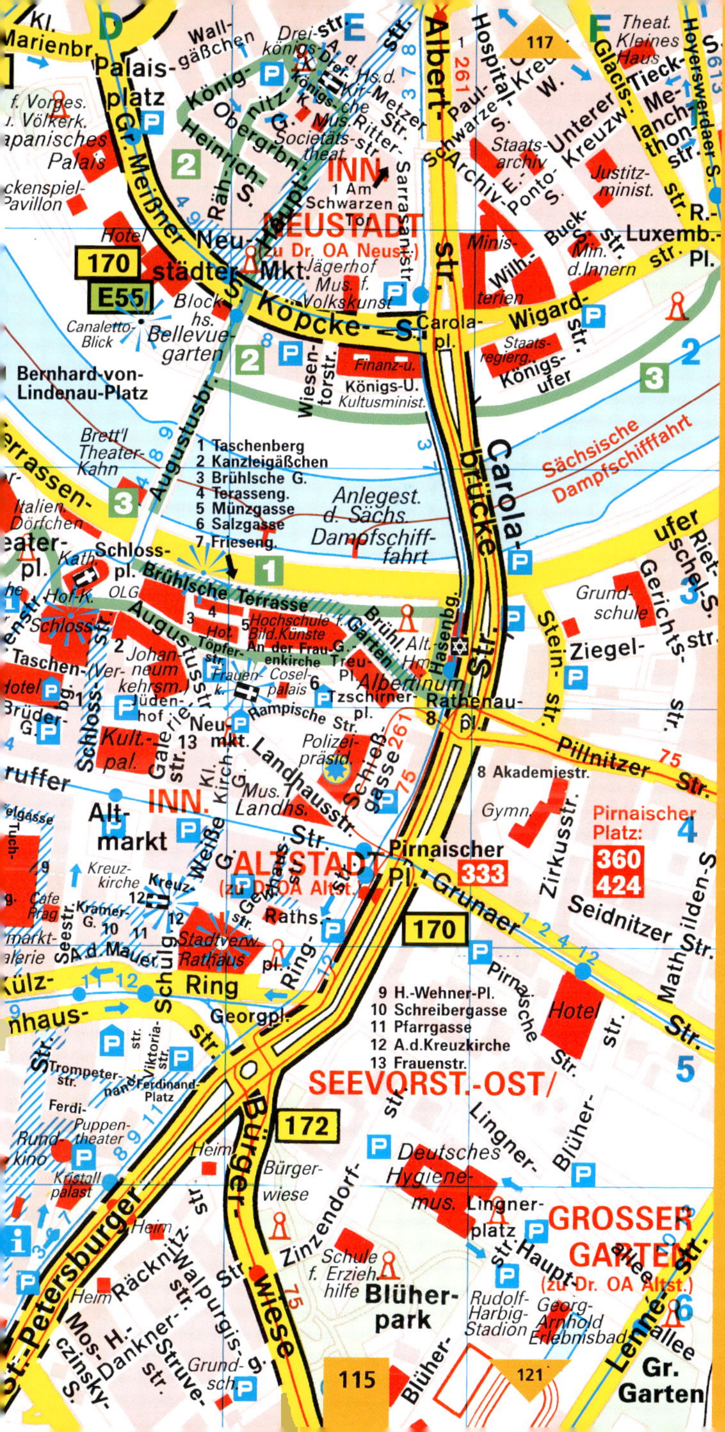

117
115
121
NEUSTADT
(zu Dr. OA Neust.)
ALTSTADT
(zu Dr. OA Altst.)
SEEVORST.-OST/
GROSSER GARTEN
(zu Dr. OA Altst.)
Marienbr.
Palais-platz
Japanisches Palais
Gr. Meißner
Wallgäßchen
Dreikönigs-Kir-che
König-Heinrich-Str.
Obergrbn.
Rähnitzg.
Hauptstr.
Metzer Str.
Ritter-Str.
Societäts-theat.
Sarrasanistr.
1 Am Schwarzen Tor
Albert-str.
Hospital-str.
Paul-Schwarze-Str.
Archiv-Str.
Staats-archiv
Unterer Kreuzw.
Glacis-Str.
Tieck-str.
Melanchthon-str.
Hoyerswerdaer Str.
Theat. Kleines Haus
Justiz-minist.
Ponto-Str.
Buck-Str.
Luxemb.-Pl.
Min. d.Innern
Ministerien
Wilh.
Wigard-str.
Staats-regierg.
Königsufer
Carola-pl.
Neustädter Mkt.
Jägerhof
Mus. f. Volkskunst
Köpcke-Str.
Hotel
170
E55
Blockhs.
Canaletto-Blick
Bellevue-garten
Wiesentorstr.
Finanz-u. Königs-U. Kultusminist.
Bernhard-von-Lindenau-Platz
Brett'l Theater-Kahn
Augustusbr.
Terrassen-ufer
Italien. Dörfchen
1 Taschenberg
2 Kanzleigäßchen
3 Brühlsche G.
4 Terasseng.
5 Münzgasse
6 Salzgasse
7 Frieseng.
Anlegest. d. Sächs. Dampfschiff-fahrt
Sächsische Dampfschifffahrt
Carola-brücke
Theater-pl.
Kath. Hofk.
Schloss-pl.
OLG
Schloss
Brühlsche Terrasse
Augustusstr.
Hochschule f. Bild. Künste
Töpferstr.
An der Frauenkirche
Frauen-k.
Cosel-palais
Brühl. Garten
Alt. Hm.
Albertinum
Hasenbg.
Treu-Pl.
Tzschirner-pl.
Rathenau-pl.
Grund-schule
Gerichtsstr.
Rietschel-S.
Ziegel-str.
Stein-str.
Pillnitzer Str.
Taschenberg
Johanneum
(Verkehrsm.)
Jüdenhof
Neumkt.
Rampische Str.
Polizei-präsid.
Schießgasse
Landhausstr.
Mus. Landhs.
Kl. Kirchg.
Galeriestr.
Schloss-str.
Brüderg.
Kult.-pal.
Wilsdruffer
Altmarkt
Weiße G.
Gewandhausstr.
Kreuzkirche
Kreuzstr.
Rathsstr.
Stadtverw. Rathaus
Ringstr.
Pirnaischer Pl.
333
Grunaer Str.
170
8 Akademiestr.
Gymn.
Zirkusstr.
Pirnaischer Platz:
360
424
Seidnitzer Str.
Mathildenstr.
Pirnaische Str.
Hotel
Cafe Prag
Seestr.
Kramer-G.
A.d.Mauer
Altmarkt-galerie
Schulg.
Ring
Külz-Ring
Georgpl.
Waisenhausstr.
9 H.-Wehner-Pl.
10 Schreibergasse
11 Pfarrgasse
12 A.d.Kreuzkirche
13 Frauenstr.
Trompeter-str.
Viktoria-str.
Ferdinand-Platz
Ferdinandstr.
Puppen-theater
Rundkino
Kristall palast
Bürgerwiese
Bürger-wiese
172
Heim
Zinzendorfstr.
Deutsches Hygiene-mus.
Lingner-str.
Lingner-platz
Blüher-str.
Hauptallee
Schule f. Erziehhilfe
Blüher-park
Rudolf-Harbig-Stadion
Georg-Arnhold Erlebnisbad
Lennéstr.
Gr. Garten
St.-Petersburger Str.
Räcknitzstr.
Walpurgisstr.
Mosczinsky-S.
H.-Dankner-str.
Struve-str.
Grund-sch.
Blüher-str.

A
B
C
1
2
3
4
5
6
400 m
Kötzschenbroder Str.
Bürger-
Leipziger
Elbcenter
PIESCHEN SÜD
Konkordien-
Konkordienplatz
(zu Dr. OA Pieschen)
Moritzburger Str.
Moritzb. Platz
Hafen
Messe-
Heizwerk
Pieschener
Großenhainer
Fritz-Reuter-
Großenhainer Platz
Ev. Kirche
Liststr.
Kunzstr.
Stöckerstr.
Röderauer Str.
Hansa-
Str.
Conradstr.
Auenstr.
Hartig-
Weimar. Str.
Hallesche Str.
Erfurter
Eisenberger
Paul-Gruner-Stad.
Alexander-Puschkin-Platz
Sächsische Weinstraße
Gothaer Str.
Alter Schlachthof
VORSTADT
(zu Dr. OA Neust.)
Güterbahnhof Dr. Neustadt
P+R
DD-Neustadt
457
328 326 458
81
326 457
458
82
Zur Messe
Messe Dresden
Großes
Ostra-
gehege
Elberadweg
Hafen-
weg
Schlachthof-
Schlachthofbrücke
ring
Halde
Eissporthalle (in Bau)
Ostra-Sportpark
Eisschnelllaufbahn
Eissporthalle
Heinz-Steyer-Stad.
Kunsteisstad.
Allee
Hafen
Magdeburger
Bremer Str.
6
10
Friedrich-
Matthäuskirche
Alter Kath. Friedhf.
Caritasverband
Straßenbahndepot
Hohenthalpl.
Krankenhaus
Friedrichstadt
Walther-
Wachs
Schäfer-
Berliner
Vorwerk-
Menageriestr.
Manitiusstr.
Institutsgasse
Bräuergasse
Seminar-
Grundsch.
BSZ
DD-Mitte
Marienbrücke
Anton-
Hain-
Gr. Meißner
Palaispl.
Mus. f. Vorges. u. Völkerk. Jap. Palais
Neues An der
1 Dreikönigsk.
2 Wallgäßchen
3 Obergraben
170
E55
Hotel Bellevue
Ostra-
Devrient-
Internat. Congress Center Dresden
Sächs. Landtag
14 Bernh.-v.-Lindenau-Pl.
Terrassen-
Brett'l Theaterkahn
Augustusbrücke
FRIEDRICH-STADT
(zu Dr. OA Altstadt)
Weißeritz-
Amtsgericht
Roßthaler S.
Könneritz-
90
173
Schützenpl.
WILSDR. VORST.
Schützen-G.
Hochsch. f. Musik
Grüne
Zwingerteich
Zwinger
Semperoper
Theaterplatz
Schlossplatz
Kathedrale
Schloss
Johanneum (Verkehrsmus.)
Taschenbg.
Kl. Brüdergasse
Wettiner Platz
Schweriner
WILSDR. SEEVORST.-
Dompfarrei
Ermischstr.
Ehrlich-S.
BSZ Gastgew.
Pflegeheim
Palm-
Fröbelstr.
Behring-
Bauhof-
Wölfnitzstr.
Fröbelstr.
Floßhof-S.
Löbtauer Str.
Ammonstr.
Freiberger
Freiberger Platz
Schwimmh.
Stadt-Komödie
Rosenstr.
Annen-kirche
World-Trade-C.
Rosen-str.
Maternistr.
Kabarett
Sternplatz
Güterbahnhofstr.
12 Weberg.
13 Zahnsgasse
Liliengasse
Am See
Marienstr.
Wilsdruffer
Postplatz
Kult.-pal.
Altmarkt
Kreuz-K.
Kramerg.
Dippol-Dr.-Külz-diswalder
Waisenhaus-
Ferdinandplatz
Papiermühlengasse
Floraстр.
DD-Freibgr.Str.
Freiberger
Rosen-
Jagdweg
WILSDR. VORST./ SEEVORST.-WEST
(zu Dr. OA Altst.)
Fabrikstr.
S1 S2
Falkenstr.
Polier-
Josephinen-
Große Plauen-Str.
Feldgasse
Deutsche Bahn AG Direktion
Reitbahn-
Vitzthumstr.
Agentur für Arbeit
Hotel
Rundkino
Kristallpalast
Petersburger
Wiener Platz
Prager St.
Sidonien-
Wieland-
Bayrische
Schweizer
DB-Museum
Hahneberg
Nossener
116
DD-Hauptbahnhof

LEIPZIGER
ÄUSSERE NEUSTADT
(zu Dr. OA Neust.)
NEUSTADT
(zu Dresden)
JOHA
(zu Dr.
-NO
PIRNAISCHE VORST.
(zu Dr. Oa Altst.)
ALTSTADT
(zu Dresden)
JOHANNST-SÜD
(zu Dr. OA Altst.)
SEEVORST-OST/
Militärhistorisches Museum
Olbrichtplatz
Landesverm.-Amt Sachsen
Grundbuchamt
Stauffenberg-allee
St. Franziskus-Xaverius-Kirche (Garnisionkirche)
Heeresoffiziersch.
Wbh.
Goethe-institut
Marienallee
Radeberger Str.
Bischofsweg
Bischofsplatz
Neust. Friedhof
1 Eschenstr.
2 Schwepnitzer S.
3 Scheunenhofstr.
In K48:
2 Seifhennersdorfer Str.
Alaunpl.
Fr.-Waldorf-Sch.
J.-I.-Kraszweski-Mus.
Holunder-W.
Hechtstr.
Königsbrücker Str.
Rothenburger S.
Görlitzer S.
Louisenstr.
Kulturzentr. Scheune
Haupt-Feuerwehr
Katharinenstr.
Martin-Luther-Platz
A.jüd. Friedhf.
Prießnitz
Diakonissenhs.-kirche
Kleine Szene
Palais Marcolini
Bautzner Str.
Albertplatz
Holzhofgasse
Diakon. Krank.-hs.
Pers.-fähre
Elbe
Rosengarten
Carolaplatz
Carolabrücke
Albertbrücke
Sächsische Dampfschiffahrt
Sächsische Weinstraße
Käthe-Kollwitz-Ufer
Thomas-Müntzer-Platz
Sachsenplatz
Florian-Geyer-Str.
Bönischplatz
Pfotenhauerstr.
Freie Montessorischule
Hopfgarten-straße
Trinitatisfriedhf.
Justizminist.
Staatsarchiv
Staatsregierung
Ministerien
Königsufer
Wigardstr.
6 Salzgasse
7 Kanzleigäßchen
8 Töpferstr.
9 Jüdenhof
10 Kl.-Kirchgasse
Terrassenufer
Sächs. Dampfschiffahrt
Güntzplatz
Gerokstr.
Blasewitzer
BSZ für Technik „G.A.Zeuner"
Hochsch. f. Bild. Künste
Techn. Univ.
TU
Pillnitzer Str.
Rathenplatz
Pirnaischer Platz
15 Frauenstr.
Grunaer Str.
Striesener Str.
Fetscherplatz
Fetscherstr.
Comeniusplatz
Straßburger Pl.
Stübelallee
VW-Werk
Gläserne Manufaktur
Herkulesallee
Bot. Garten
1 Stephanienpl.
Deutsch. Hygiene-mus.
Lingnerplatz
Blüherpark
Bürger-Halle
Rudolf-Harbig-Stadion
11 Schreiber-G.
Puppentheater „Sonnenhäusl"
Friedhof
Friedrich

121

A
B
C
1 Sudhausweg
2 Am Waldschlößchen
400 m
RADEBERGER
VORSTADT
(zu Dr. OA Neustadt)
Albertpark
Radeberger Str.
Landstr.
Jägerpark
Fischhaus
Charlottenstr.
Heide-park-S.
Bautzner
Waldschlößchen
Berufsakademie Sachsen
Regier.-Präs. Dresden
Prießnitz
Hämmerchen
Körnerweg
Brockhaus-
Wasserwerk Saloppe
Schloss Albrechtsberg
Lingnerpark
Lingner Schloss
Hotel Schloss Eckberg
Elberadweg
Waldschlösschenbr. in Planung
Käthe-Kollwitz-Ufer
Sächsische
Weinstraße
Hochsch. f. Bild. Künste
Pfotenhauer-str.
JOHANNST.
(zu Dr. OA Altst.)
-NORD
Universitäts-klinikum
Carl-Gustav-Carus
Goethe-allee
Bischöfliches Ordinariat
Sächs. Landtag
Dresden International School
Waldpark
Hsch. f. Kirchenmusik
Loschwitzer Str.
BLASEWITZ
(zu Dresden)
Fetscher-
Wormser Platz
Wittenberger
Tittmann-
Spenerstr.
Kyffhäuser
Barbarossaplatz
Hüblerplatz
Paulusplatz
Augsburger
-WEST
STRIESEN-
(zu Dr. OA Blasewitz)
Borsberg-
Schandauer Str.
Pohlandplatz
Volkspark
Ermel-
Dornblüth-
Glashütter
Mansfelder Str.
-SÜD
Baugebiet
Förderschule St. Franziskus
Maria Himmelf.
Techn. Mus.

122

D
E
F
DRESDNER HEIDE
(zu Dr. OA Loschwitz)
LSG
Dresdner Heide
Lutherreiche
Kranich-see
Wolfshügel
216
Gutebornbach
Alte Drei
Doppel E
Schwesternsteig
Diebssteig
Weißiger Gänsefuß
1 Dostojewskistr.
2 O.-Zwintscher Str.
Loschwitzer Weg
WEISSER HIRSCH
Stechgrund
Schwestern Degele quelle quelle
Mordgrundwasser
Mordgrund-brücke
Mordgrund
Bautzner Str.
Waldpark
Heinrich-Cotta-Str.
Konzertpl.
Parkhotel
Stechgrund-str.
Kurpark-S.
St. Hubertus
Kirche
Landstr.
Chopinstr.
Neugersdorfer Str.
Adler
LOSCHWITZ
(zu Dresden)
Schillerstr.
Dostojewskistr.
Forschungs-institut
M.-v.-Ardenne
Stern-warte
Heim
Leonhardistr.
Luisenhof
Johann-Jahn-weg
Standseilbahn
Sportboothafen
Schillerhäuschen
Körnerhs. (KD)
1 Rietschelweg
2 Sandweg
S 167
Wuttkestr.
Ulrich-Str.
Tännicht-str.
Karl-Schmidt-Str.
Leonhardi-mus.
Körnerpl.
Grund-str.
Elbe
Loschwitzbrücke
Blaues Wunder
Schillerplatz
Pillnitzer Landstr.
Schwebebahn
Veilchenweg
Sierks-platz
Rosegger-str.
Krüger-str.
3 Alte Kirschplantage
4 Fuchsstr.
Pappelwäldchen
Wasserweg
Winzerstr.
Tolkewitz-S.
Techn. Museum
1 Ferdinand-Avenarius-Str.
Wasser-fahrzentrum
2 Berggartenstr.
Loschwitzer Friedhof
Ruhestätte Dresd. Persönlichkeiten
2 Leuschkestr.
3 Hermann-Glöckner-Str.
Rhododendrongarten
Kotzschweg
HUMAINE Klinik
LSG
Wachwitzer
Schloss
Höhenpark
LOSCHWITZ/WACHWITZ
(zu Dr. OA Loschwitz)
1 Viktor-Böhmert-Weg
2 Schwenkstr.
WACHWITZ
Mätzoldheim
Gustav-Freytag-Str.
Oeme-Str.
1
2
3
4
5
6
124

DD-Hauptbahnhof
SÜDVORSTADT
(zu Dr. OA Plauen)
WEST
LÖBTAU-SÜD
(zu Dr. OA Cotta)
PLAUEN
(zu Dresden)
DD-Plauen
COSCHÜTZ
KLEIN-
GITTERSEE
(zu Dr. OA Plauen)
Bannewitz
Nöthnitz
(zu Bannewitz)
AS DD-Südvorstadt
DB-Museum
TIF Theater in der Fabrik
Alter Annen-frdhf.
Zionskirche
St. Paulus
Nürnberger Platz
Münchner Platz
Techn. Universität
Sporthalle
Umspannwerk
Hoher Stein
Aussichtsturm
Fichteturm
Wasserwerk Coschütz
Nossener Brücke
Budapester Str.
Nürnberger Str.
Chemnitzer Str.
Würzburger Str.
Nöthnitzer Str.
Münchner Str.
Plauenscher Ring
Westendring
Kohlen-str.
Karlsruher Str.
Innsbrucker Str.
Stuttgarter Str.
Tharandter Str.
Coschützer Str.
Bergstr.
Kaitzbach
Boderitzer Str.
Possendorfer Str.
Altkaitz
Halde
Kaitzgrund
116
173
170
82
17
E55

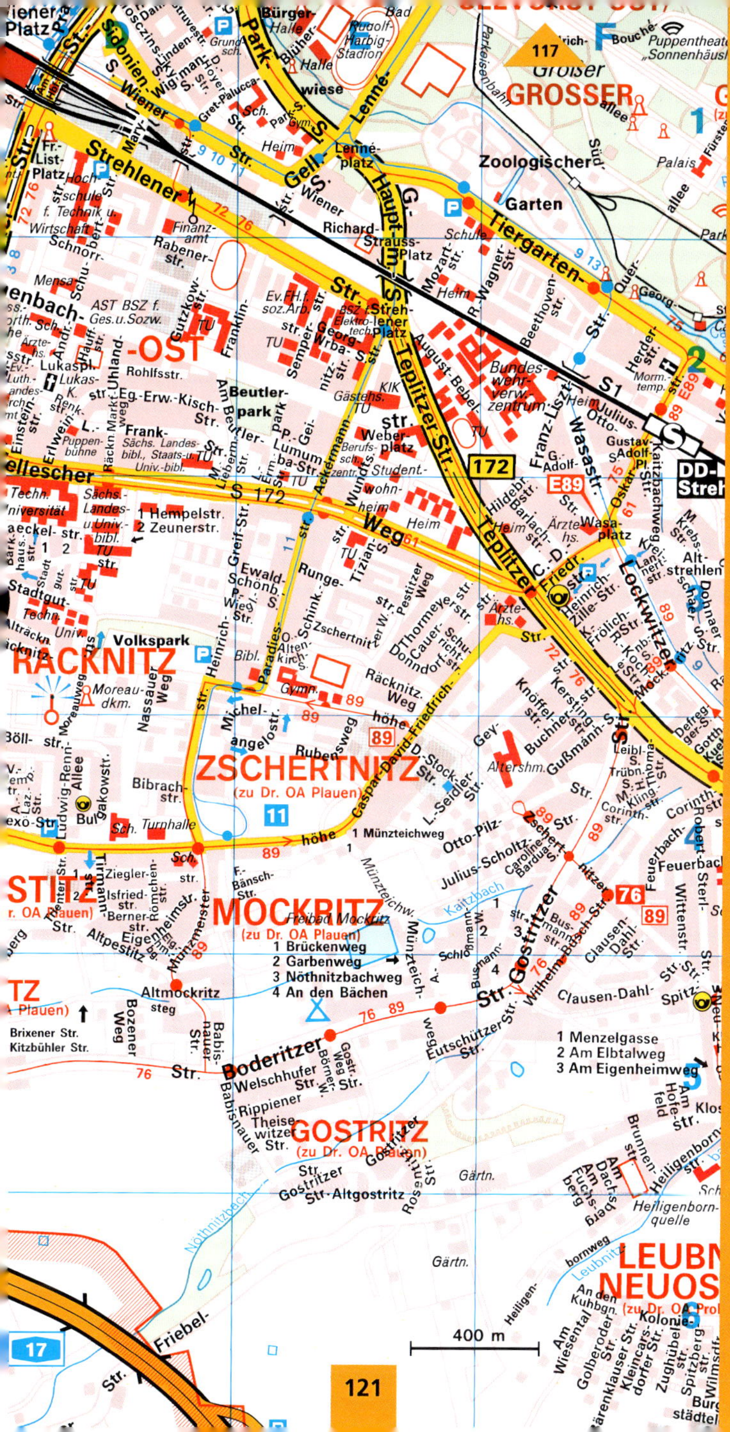

GROSSER
Zoologischer Garten
Tiergarten-Str.
Strehlener Str.
Lenné-platz
Richard-Strauss-Platz
Bürger-Wiese
Rudolf-Harbig-Stadion
Puppentheater „Sonnenhäusl"
Palais
Parkeisenbahn
Hauptbahnhof
-OST
Beutler-park
Teplitzer Str.
Wasastr.
Lockwitzer Str.
Bundeswehr-verw.-zentrum
Weberplatz
Student.-wohnheim
Zellescher Weg
Techn. Universität
Sächs. Landes- u.Univ.-bibl.
1 Hempelstr.
2 Zeunerstr.
Volkspark
RACKNITZ
Moreau-dkm.
Räcknitzhöhe
ZSCHERTNITZ
(zu Dr. OA Plauen)
MOCKRITZ
(zu Dr. OA Plauen)
Freibad Mockritz
1 Brückenweg
2 Garbenweg
3 Nöthnitzbachweg
4 An den Bächen
1 Münzteichweg
Kaitzbach
Altmockritz
Boderitzer Str.
GOSTRITZ
(zu Dr. OA Plauen)
Altgostritz
Nöthnitzbach
1 Menzelgasse
2 Am Elbtalweg
3 Am Eigenheimweg
Heiligenbornquelle
LEUBN
NEUOS
Leubnitz
Friebel-Str.
Brixener Str.
Kitzbühler Str.
400 m
172
E89
S1
17

117

117
GARTEN
(zu Dr. OA Altst.)
Puppentheater „Sonnenhäusl"
Comenius-platz
Palais
Palaisteich
Parktheater
Hauptallee
Neuer Teich
Drachenwiese
Carolaschlösschen
Carolasee
Garten
Parkeisenbahn
Freilichtbühne „Junge Garde"
An der Pikardie
-SÜD
Baugebiet
Geisingstr. in Plan.
Karl-Brecht-Platz
Schule
Falken-stein-platz
Schramm-stein-str.
Schneebg.-str.
Winterberg-str.
Zwingli-str.
Bodenbacher Str.
Thomaskirche
Rothermundtpark
Tiergarten-str.
Bischof-Wienken-Haus
Basteiplatz
Palucca-sch.
Lilien-steinstr.
1 Striesener Winkel
2 Gartenheimsteg
3 Bielatalweg
4 Papstdorfer Str.
DD-Strehlen
Christuskirche
Altstrehlen
Oskar-Kokoschka-Str.
STREHLEN
(zu Dr. OA Prohlis)
Gärtnerei
Omnibus-betriebshof Gruna
Reicker Str.
Cäcilien-str.
Lockwitzer Str.
Hagedorn-platz
St. Petrus
Otto-Dix-Ring
EKZ
Sch. für Erziehungs-hilfe
Sporthalle
Lohrmann-str.
Dohnaer Str.
W.-Franke-Str.
Feuerbachstr.
Schule
Klosterteich-platz
Ev. Kirche
An der Kirschwiese
Heiligenborn-quelle
Hoher Rand
Am Goldenen Stiefel
Dohnaer Platz
172
PROHLIS-NORD
(zu Dr. OA Prohlis)
LEUBNITZ-NEUOSTRA
(zu Dr. OA Prohlis)
1 Kohlbergstr.
2 Kurt-Liebmann-Str.
3 Marianne-Bruns-Str.
TORNA
(zu Dr. OA Prohlis)
Goppelner Str.
Kauschaer Str.
Kinderzentrum Mareicke
1 An der Schleifsch.

119

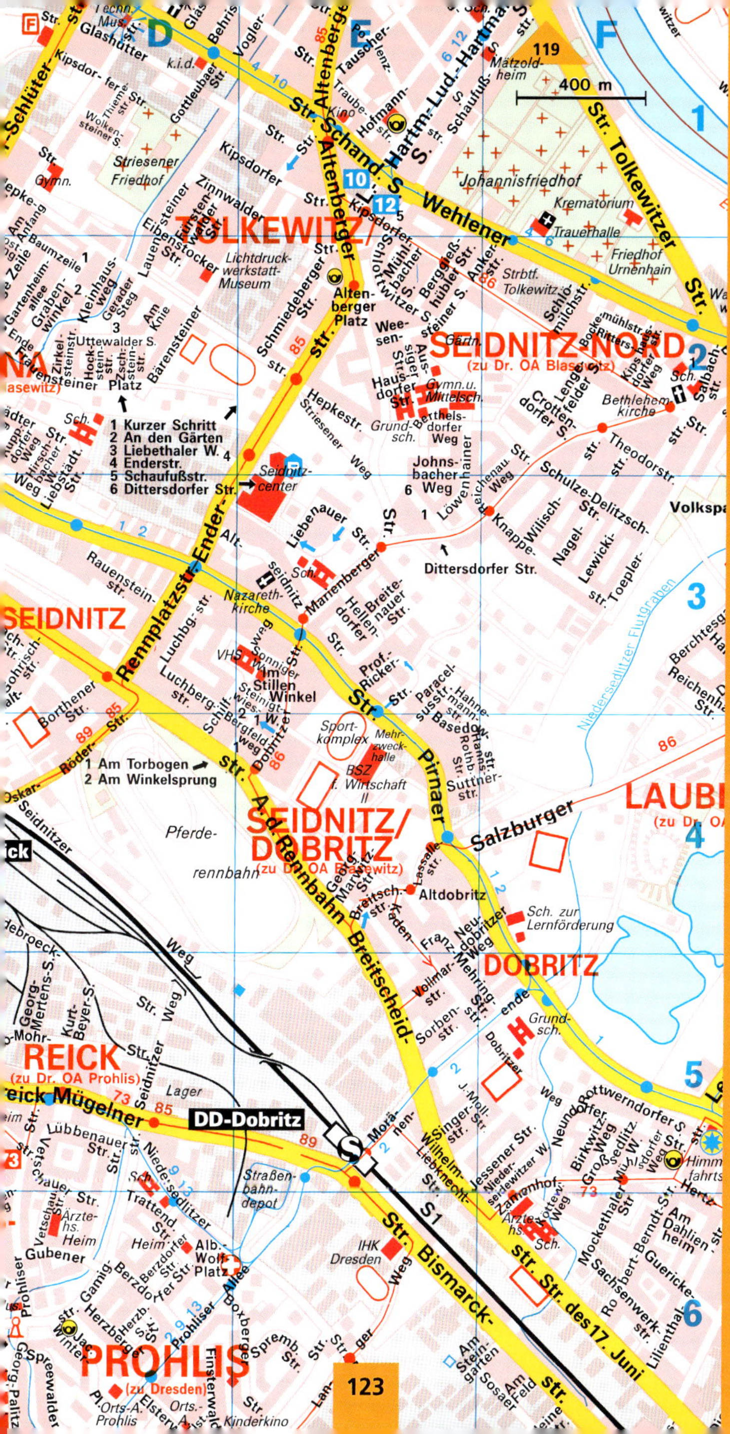
D
E
F
400 m
1
2
3
4
5
6
TOLKEWITZ
SEIDNITZ-NORD
(zu Dr. OA Blasewitz)
SEIDNITZ
SEIDNITZ/
DOBRITZ
(zu Dr. OA Blasewitz)
DOBRITZ
REICK
(zu Dr. OA Prohlis)
PROHLIS
(zu Dresden)
LAUBE
Johannisfriedhof
Krematorium
Trauerhalle
Friedhof Urnenhain
Striesener Friedhof
Lichtdruck-werkstatt-Museum
Seidnitz-center
Nazareth-kirche
Bethlehem-kirche
Sportkomplex
Mehrzweckhalle
BSZ f. Wirtschaft II
Pferderennbahn
Altdobritz
Sch. zur Lernförderung
Straßenbahn-depot
IHK Dresden
DD-Dobritz
Strbtf. Tolkewitz
Kinderkino
Niedersedlitzer Flutgraben
Volkspa
Wehlener Str.
Tolkewitzer Str.
Schandauer Str.
Altenberger Str.
Altenberger Platz
Kipsdorfer Str.
Zinnwalder Str.
Rennplatzstr.
Ender-str.
Pirnaer Str.
Salzburger Str.
A. d. Rennbahn
Breitscheid-str.
Bismarck-str.
Str. des 17. Juni
Reick Mügelner Str.
Seidnitzer Weg
Lager Str.
Hepkestr.
Striesener Weg
Liebenauer Str.
Marienberger Str.
Rauenstein-str.
Theodorstr.
Schulze-Delitzsch-Str.
Knappe-str.
Wilisch-str.
Nagel-str.
Lewicki-str.
Toepler-str.
Dittersdorfer Str.
Johnsbacher Weg
Löwenhainer Str.
Reichenau. Weg
Luchberg-str.
Borthener Str.
Röder-Str.
Oskar-Seidnitzer
Franz-Mehring-Str.
Vollmar-str.
Sorben-str.
Dobritzer Str.
Wilhelm-Liebknecht-Str.
Jessener Str.
Niederseidewitzer W.
Neundorfer Weg
Großsedlitz. Weg
Mockethaler Str.
Rottwerndorfer Str.
Sachsenwerk-str.
Robert-Berndt-Str.
Guericke-str.
Lilienthal-str.
Am Dahlienheim
Gubener Str.
Lübbenauer Str.
Niedersedlitzer Str.
Trattend.
Alb.-Wolf-Platz
Prohliser Allee
Boxberger Str.
Spremb. Str.
Finsterwalder Str.
Herzberger Str.
Berzdorfer Str.
Vetschauer Str.
Spreewalder Str.
Georg-Palitz
Gamig
1 Kurzer Schritt
2 An den Gärten
3 Liebethaler W.
4 Enderstr.
5 Schaufußstr.
6 Dittersdorfer Str.
1 Am Torbogen
2 Am Winkelsprung
S1
85
86
89
73

119
WACHWITZ
A
B
C
1
2
3
4
5
6
400 m
Elberadweg
Wiesenweg
Pillnitzer Landstr.
Altwachwitz
Oberwachwitzer Weg
Wachwitzer Bergstr.
Königsweg
Fernsehturm
Johannesturm
Hottenroth-str.
Waldmüller-str.
O.-Ludwig-Str.
1 Agneshöhe
2 An der Kirschwiese
Am Rainchen
Am Wald
Wachwitzer Höhen
Am Hügel
Am Ginsterbusch
Fernsehturm-
Guttenw.
Sportplatzw.
Nach dem Rainchen
8 An der Sonnenlehne
PAPPRITZ
(zu Dr. Ortschaft Schönfeld-Weißig)
Moosleitenweg
Am Elbblick
Stiller Winkel
Am Friedenshang
Staffelsteinstr.
Str. des
98A 98B
13 Zu
14 An
S 167
Sächsische Weinstraße
83
PF
Wasserwerk
Str.
Bellingstr.
Salbachstr.
1 Theodor-Friedrich-Weg
Volkspark
Niedersedlitzer Flutgraben
Grundsch.
Freie ev. Sch.
Brünner Str.
Tropp. Str.
Alttolkewitz
Österreicher Str.
Niederpoyritzer Str.
Liebstr.
1 Hermann-Krone-Str.
Zur Bleiche
Neuberinstr.
Laubegaster Ufer
Berchtesgadener Str.
Hallstätter S.
Steirische Str.
Burgenland-Str.
Eisenstädter Weg
Reichenhaller Str.
Kirchplatz
Seidel-Str.
Kärntner Weg
Fährstr.
Schule
Linzer Str.
Rudolf-Zwintscher-Str.
Kronstädter Platz
Klausenburger Str.
Pappritzer W.
Wohnweg
Eugen-Dieterich-Str.
Rockau
Plantagenweg
Sch.
Landstr.
NIEDERPOYRITZ
(zu Dr. OA Loschwitz)
Laubegaster Str.
Wasserwerkstr.
Wasserwerk Hosterwitz
86
Am Mitteltännicht
Azaleenw.
Kamelienw.
LAUBEGAST
(zu Dr. OA Leuben)
Grazer Str.
Schober-Str.
Laibacher Str.
Klagenfurt. S.
2 Feldkirchn. Weg
Villacher Str.
Gmünder Str.
Großglocknerstr.
Tiroler Str.
Tauernstr.
Gustav-Hartmann-Str.
Mar.-Beese-Str.
Melli-Beese-Str.
Dachsteinweg
Traunsteinweg
Ischler Str.
Gasteiner Str.
Werft
Kleinzschachwitzer Ufer
Lockwitzbachw.
Meußlitzer Str.
Eichbergstr.
Am Sandberg
Zschierbachweg
Zschierbachstr.
Kleinzschachwitzer Str.
1 Marie-Hankel-Str.
2 Oberndorfer Weg
3 St.Pöltener Weg
4 Bregenzer Weg
5 Am Fuchsbau
6 Seefelder Weg
Leubener Str.
Laubegaster Str.
Staatsoperette
Himmelfahrtsk.
Altleubener Str.
Hertzstr.
Sch.
Otto-Dittrich-Str.
Rosenschulweg
LEUBEN
(zu Dresden)
Gärtn.
Am Alten Elbarm
Berthold-Haupt-Str.
Keppgrund-
Friedr.-Kind-Str.
Freischütz-
Carl-Maria-v.-Weber-Str.
1 Am Putjatin-park
Zschierener Str.
Am Dahlienheim
Guericke-
Lilienthal-
Str. des 17. Juni
Klette-
Stephenson-str.
Dieselstr.
2 Försterlingstr.
Ärzte-
Kastanienstr.
Gärtn. Sch.
Wasserturm
f. geistig Beh.
Landstr.
Fr.-Latzel-Str.
Groß-Zschachwitzer Str.
Kleinzschachwitzer Str.
Weißdornstr.
Rotdornstr.
Ulmenstr.
Lockwitzbach
Putjatin-
Storchennest-
Kurhaus-

D
E
F
1
2
3
4
5
6
Sportplatz
Sonnenhang
Str. d. Friedens
98B
61
Am Helfenberg
Burgruine Helfenberg
Schloss
Park
Am Helfenberger
Helfenberger
Am Helfenberger P.
1 Am Brunnen
2 Am Dorfteich
3 Kiefernweg
4 Hainbuchenweg
5 Ahornweg
6 Ebereschenweg
7 Kirschweg
HELFENBERG
(zu Dr. Ortschaft Schönf.-Weißig)
ROCKAU
(zu Dr. Ortschaft Schönfeld-Weißig)
Försterei
Grund
An der Preßgrund
Am Preßgrund
Kucksche
Rockauer Ring
Mittel-weg
Rockauer
Am Dorfplatz
Bibl.
Am Grund
Alter Eichbuscher Weg
Zum Südblick
Cunnersdorfer Str.
CUNNERSDORF
(zu Dr. Ortschaft Schönfeld-Weißig)
Cunnersdorfer Dorfbach
Bahn-
Feld-
Zum Nixe
Lange Allee
Masten-
EICHBUSCH
(zu Dr. Ortschaft Schönfeld-Weißig)
Zur Bock
mühle
Schönefelder
Bockmühle
feld
SCHÖN-FELD
Eichbuscher Ring
Eichbuscherstr.
Mittel-
Eichbusch-
Mittelstr.
LSG Schönfelder
Keppbach
MALSCHENDORF
(zu Dr. Ortschaft Schönfeld-Weißig)
Hochland und
Am Spitzen-
Hohle
Elbhänge Dresden-Pirna
Keppmühle
Keppgrund
Haus Hoheneichen
KRIESCHEN-DORF
Zur Krieschen-
(zu Dr. Ortschaft Schönfeld-Weißig)
berg
Am Keppschloss
Herbert-Barthel-Str.
An der Obstplantage
Sch.
Kepp-schloss
Zuckerhut
Poetenweg
Am Hausberg
Pilln.
Nuß-allee
Hohe Leite
Rockau-
Borsberg
Am Pillnitz-
Vogelgrund
NSG Borsberghänge
Friedrichsgrund
Friedrichsgrundbach
Heim
Ruine
Meix-str.
HOSTERWITZ/PILLNITZ
(zu Dr. OA Loschw.)
Keppbach
Van-Gogh-Str.
Weberweg
C.-M.-v.-Weber-Mus.
Schule
ehem. Königl. Villa
St. Petrus Canisius
Eichbusch-weg
Kirchg.
Maria am Wasser
Landstr.
83
Gem.-Zentr.
Carus-str.
Bodemer-weg
Copitzer Str.
Hausbg.-str.
Wünschendorfer Str.
K 6213
Elbe
Fährgasse
Alten- u. Pflegeheim
Leonardo-da-Vinci-
Orangerie-str.
An der Schäf.
Am Rathaus
Lohmener
Gärtn.
Weinberg-kirche
1 Euryanthenweg
Maille
Schloss-park
Orangerie
Berg-
PILLNITZ
(zu Dr. OA Loschw.)
Leitenweg
und
Auto-fähre
Ufer
Haupt-Str.
88
Zschierener
Elberadweg
Sächsische Dampfschifffahrt
Bahn
Schloss Pillnitz
Mus.
Schloss-kapelle
Pillnitzer Platz
Aug.-Str.
Schul-weg
W.-Wolf-Str.
Sch.
Graupaer Bach
Böckstiegel-Str.
Dampfschiff-str.
Sächs. Landesanst.f. Landw.
Anlegest. Dr.-Pillnitz
Str.
Peter-Schmoll-Str.
Wilhelm-Weitling-Str.
Freystr.
Gärtnerei-str.
Kurgart.-str.
Therese-Malten-Str.
Krippener

Wildenhain
Großenhain
Skassa
Weißig
Großenhainer Pflege
Folbern
Quersa
Schönfeld
Thiendorf
Röhrsdorf
Sacka
Lötzschen
Rostig
Weßnitz
Kalkreuth
Bieberach
Tauscha
Zschauitz
Cunnersdorf
Großteich
Dobra
Strießen
Göhra
Freitelsdorf
Medessen
Priestewitz
Reinersdorf
Zschorna
Laußnitzer
Nauleis
Niederebersbach
Kleinnaundorf
Hinterer Buchberg
245
Zottewitz
Lenz
Hohndorf
Beiersdorf
Rödern
Große Röder
Blattersleben
Altleis
Oberebersbach
Würschnitz
Baßlitz
Kmehlen
Gävernitz
Böhla
Naunhof
Radeburg
Heide
Diesbar-Seußlitz
Großdobritz
Jessen
Steinbach
Groß-dittmannsdorf
Ottendorf-Okrilla
Bärwalde
Ockrilla
Gröbern
Berbisdorf
Medingen
Diera
Bohnitzsch
204
Promnitztal
Hermsdorf
Niederau
Jagdschloss
Marsdorf
Albrechtsburg
MEISSEN
Auer
Moritzburg
Bärnsdorf
Hermsdorf
Grünberg
(109)
Weinböhla
Porzellan-Manufaktur
Dom
St. Afrakirche
Deutsche Alleenstraße
Volkersdorf
Weixdorf
Neusörnewitz
Friedewald
Flughafen Dresden
Bockwen
Sörnewitz
COSWIG
Dresden-N
HELLERAU
Langebrück
Brockwitz
Reichenberg
Wilschdorf
Schloss
Lindenau
Boxdorf
KLOTZSCHE
Prießnitz-wasserfall
Polenz
Riemsdorf
Scharfenberg
Elbe
Rähnitz
DD-Flughafen
Gauernitz
Karl-May-Museum
DD-Hellerau
Ullendorf
RADEBEUL
DD-Wilder Mann
Dresdner Heide
Taubenheim
Röhrsdorf
Constappel
Cossebaude
TRACHAU
255
Weistropp
KADITZ
PIESCHEN
DRESDEN
Bayerhöhe
Kleinschönberg
MICKTEN
320
Klipphausen
Oberwartha
DD-Neustadt
NEUSTADT
WEISSER HIRSCH
Sora
Brabschütz
Mobschatz
DD-Altstadt
Messe
Drei Elbschlösser
Burkhardswalde
Blaues Wunder
Ockerwitz
Semperoper
ALTSTADT
BRIESNITZ
Wilsdruff
Dr. DD-West
COTTA
Zwinger
Frauenkirche
Albertinum
STRIESEN
Unkersdorf
Elbamare
Limbach
Wilsdruff
Dresdner Tor
Gompitz
LÖBTAU
Deutsches Hygiene-Museum
DD-Gorbitz
Großer Garten
TOLKEWITZ
Grumbach
Kesselsdorf
PLAUEN
LAUBEGAST
Zoo
Helbigsdorf
Niederhermsdorf
Pesterwitz
LEUBEN
Zauckerode
Braunsdorf
Kleinopitz
KAITZ
PROHLIS
Herzogswalde
DD-Süd-Vorstadt
DD-Prohlis
NIEDER-SEDLITZ
Pohrsdorf
Großopitz
352
Bannewitz
Mohorn
Wind-B.
Goppeln
Grund
Fördergersdorf
Kleinnaundorf
Sobrigau
LOCKWITZ
Tharandt
FREITAL
Rippien
Borthen
Hartha
Possendorf
Hetzdorf
Somsdorf
Obernaundorf
Bärenklause-Kautzsch
Röhrsdorf
Tharandter Wald
423
Rabenau
Kleincarsdorf
Gorknitz
Niederschöna
Lübau
Oelsa
Dt. Alleenstraße
Weesenstein
Grillenburg
Felsenmühle
Karsdorf
Kreischa
Wittgensdorf
Jagdschloss
Borlas
Naundorf
Dorfhain
Seifersdorf
Maxen
Höckendorf
Hermsdorf
Willisch
Mühlbach
476
Malter
Hirschbach
431
Klingenberg
Obercunnersdorf
Oberhäslich
Colmnitz
Ruppendorf
Talsperre Malter
Hausdorf
Dippoldiswalde
Reinholdshain
Steinberg
491
Talsperre Klingenberg
Reinhardtsgrimma
Niederbobritzsch
Beerwalde
Cunnersdorf
Sohra
Niederfrauendorf
Reichstädt
Bobritzsch
514
Pretzschendorf
Ulberndorf
Luchau
Obercarsdorf
Deutsche Alleenstraße
613
Oberfrauendorf
Röthenbach
Kohlkuppe
Glashütte
Oberbobritzsch
Schmiedeberg
Sadisdorf
Lichtenberg
Friedersdorf
Talsperre Lehnmühle
605
Erzgebirge
Johnsbach
Dittersdorf
Dönschten
Hartmannsdorf
Burkersdorf
Falkenhain
Tellkoppe
756
Burgberg
Schloss
Burgruine
Kipsdorf
Bärenstein

Kamenz
Kamjenc
Lessingmuseum
St. Marienkirche
Haselbachtal
Elstra
Pulsnitz
Ohorn
Hochstein 448
Barockschloss
Bretnig-Hauswalde
Bischofswerda
Panschwitz-Kuckau
Pančicy-Kukow
Kloster St. Marienstern
Burkau
Demitz-Thumitz
Schmölln-Putzkau
Wachau
Leppersdorf
Groß-röhrsdorf
Großharthau
Arnsdorf
Schloss Klippenstein
Schönfeld-Weißig
Dittersbach
Stolpen
Burg
Dürrröhrsdorf
Neustadt in Sachsen
Hohwald
Nationalpark
Sächs. Schweiz
Sebnitz
Hohnstein
Lohmen
Sächsische Weinstraße
PIRNA
Rathaus
Marienkirche
Elbsandsteingebirge
Bastei
Stadt Wehlen
Rathen
Königstein
Festung
Lilienstein
Bad Schandau
Elbe
Pfaffenstein
Gohrisch
Schrammstein-aussicht
Lichtenhainer Wasserfall
Großer W. 556
Schmilka
Berggießhübel
Bahretal
Bad Gottleuba-
Schloss Kuckuckstein
Talsperre Gottleuba
Dohna
Schloss
Pillnitz
Graupa
Heidenau
Barockgarten
Hinter-hermsdorf
5 km
ČESKÁ REPUBLIKA
DĚČÍN
Děčínský Sněžník 722
Dolní Žleb
Labská Stráň
Hřensko
Oelsener Höhe 644
Hellendorf
Rosenthal-
Zschirnstein 560
E40
2006
2007

Das Register enthält eine Auswahl der im Cityatlas dargestellten Straßen und Plätze

Hier finden Sie alle erwähnten Orte und Sehenswürdigkeiten sowie wichtige Namen und Stichworte verzeichnet. Halbfette Ziffern verweisen auf den Haupteintrag, kursive auf ein Foto.

Schreiben Sie uns!

Liebe Leserin, lieber Leser,

wir setzen alles daran, Ihnen möglichst aktuelle Informationen mit auf die Reise zu geben. Dennoch schleichen sich manchmal Fehler ein – trotz gründlicher Recherche unserer Autoren/innen. Sie haben sicherlich Verständnis, dass der Verlag dafür keine Haftung übernehmen kann. Wir freuen uns aber, wenn Sie uns schreiben.

Senden Sie Ihre Post an die Marco Polo Redaktion,
MAIRDUMONT, Postfach 31 51, 73751 Ostfildern,
info@marcopolo.de

Impressum

Titelbild: Semperoper (Mauritius: Mehlig)
Fotos: W. Dieterich (U. M., 1, 2 u., 20, 40, 56, 64, 72, 87, 91, 94, 100); S. Dittrich (16); Foto Design Dresden: S. Dittrich (74); R. Freyer (U. r., 5 l., 7, 10, 18, 19, 25, 42, 62, 73, 76, 99, 106); R. M. Gill (31, 37, 69); J. Gläser (59); HB Verlag: Kirchner (14, 46); Hotel The Westin Bellevue (66); F. Ihlow (U. l., 2 o., 4, 5 r., 6, 26, 28, 80); KHTD (50); laif: Huber (92); Mauritius: Mehlig (111), Thiele (39); T. Stankiewicz (9, 12, 17, 33, 41, 45, 52, 58, 85, 97, 104); Transglobe: Tschanz-Hofmann (103)

2. (13.) aktualisierte Auflage 2007 © MAIRDUMONT, Ostfildern
Herausgeber: Ferdinand Ranft, Chefredakteurin: Marion Zorn
Redaktion: Jochen Schürmann, Bildredakteurin: Gabriele Forst
Kartografie Cityatlas: © Falk Verlag, Ostfildern
Vermarktung: MAIRDUMONT MEDIA, media@mairdumont.com
Gestaltung: red.sign, Stuttgart

Printed in Germany. Gedruckt auf 100% chlorfrei gebleichtem Papier

Bloß nicht!

Was Sie nicht tun sollten, wenn Sie den Dresden-Besuch unbeschwert genießen wollen

Der Bierwerbung vertrauen

Das gute Radeberger Pilsner wird nämlich im 15 km entfernten Radeberg gebraut – und wirklich nicht in der Semperoper. Auch wenn das nach dem bekannten TV-Spot – »Es ist an der Zeit, ein Bier zu feiern, wie es so gebraut kein zweites gibt …« – viele unbeirrt glauben. Wundern Sie sich also nicht, wenn Sie vor der Semperoper stehend auf die Frage »Und wo ist denn nun hier die Radeberger-Brauerei?« nur Kopfschütteln ernten.

Die Neustadt für gefährlich halten

Hartnäckig hält sich die Mär, dass hier allerlei finstere (oder auch bunte) Gestalten lauern, die einem ans Leder wollen. Das Viertel ist jedoch nicht mehr oder weniger gefährlich als andere Großstadtviertel auch. Bisweilen kann man sich sogar sicherer fühlen als anderswo – selbst nachts um drei sind hier noch jede Menge Leute unterwegs. Wirklich aufpassen sollte man allerdings auf die Tretminen, die überall lauern, denn die Neustädter sind ein hundefreundliches Völkchen.

Die Elbseite wechseln

Zumindest nicht im Berufsverkehr und mit dem Auto. Die Brücken sind heimtückische Nadelöhre, vor allem die Carolabrücke und das »Blaue Wunder«. Wer nicht muss, sollte zwischen 14 und 18 Uhr am besten gar nicht Auto fahren, zumindest nicht in der Innenstadt oder am »Blauen Wunder«. Man schafft in Dresden ohnehin (fast) alles zu Fuß oder mit Bus und Bahn!

Parken, wo es nicht erlaubt ist

Oder ohne zu bezahlen. Die städtischen Parkordnungshüter sind fleißig und gnadenlos. Kostenlose Parkmöglichkeiten gibt es in der Innenstadt praktisch keine mehr, gebührenpflichtige Parkplätze und -häuser jedoch ausreichend. Und die Parkgebühren halten sich – im Vergleich zu anderen Großstädten – immer noch in Grenzen.

Den »Besserwessi« herauskehren

Versuchen Sie als Besucher aus dem Westen nicht, die Menschen im Osten zu belehren. Darüber, wie sie vor der Wende gelebt haben. Das wissen die nämlich selbst – sie waren schließlich »vierzsch« Jahre dabei. Lieber fragen, so lernt man sich kennen. Gar nicht gut an kommt der Satz: »Das habt ihr wohl alles von unseren Solibeiträgen gebaut.« Was viele »Wessis« immer noch nicht wissen: Auch die »Ossis« selbst müssen die Soli-Euros berappen.